总主编 ◎ 楼宇烈

羊皮卷珍藏版

中|华|优|秀|传|统|文|化|经|典|丛|书

帛书老子德道经

赵 威 编

华龄出版社
HUALING PRESS

图书在版编目（CIP）数据

帛书老子德道经 / 赵威编 . -- 北京 ： 华龄出版社，
2022.7

（中华优秀传统文化经典丛书 / 楼宇烈主编）

ISBN 978-7-5169-2308-5

Ⅰ . ①帛… Ⅱ . ①赵… Ⅲ . ①道家②《道德经》—译
文③《道德经》—注释 Ⅳ . ① B223.1

中国版本图书馆 CIP 数据核字 (2022) 第121944号

| 策　　划 | 善品堂®藏書 | 责任印制 | 李未圻 |
| 责任编辑 | 李　健　彭　博 | 装帧设计 | 王德华 |

书　　名	帛书老子德道经	编　者	赵　威
出　版	华龄出版社 HUALING PRESS		
发　行			
地　址	北京市东城区安定门外大街甲 57 号	邮　编	100011
发　行	（010）58122255	传　真	（010）84049572
承　印	唐山玺鸣印务有限公司		
版　次	2022 年 9 月第 1 版	印　次	2023 年 5 月第 2 次印刷
规　格	889mm×1194mm	开　本	1/32
印　张	11	字　数	105 千字
书　号	ISBN 978-7-5169-2308-5		
定　价	86.00 元		

中华优秀传统文化经典丛书

编委会

总主编

楼宇烈

副总主编

聂震宁　　王　杰

编　委

中华优秀传统文化经典丛书

编委会秘书处

何德益　江　力　于　始　邹德金

出版缘起

　　文化是一个国家、一个民族的灵魂。泱泱华夏，五千年文明历史所孕育的中华优秀传统文化，是中华民族生生不息、发展壮大的丰厚土壤。

　　十八大以来，党中央高度重视中华优秀传统文化的传承与发展。2013 年 11 月，习近平总书记在山东曲阜的孔府和孔子研究院考察时明确指出："要大力弘扬中国传统文化。"2017 年 1 月，中共中央办公厅、国务院办公厅印发《关于实施中华优秀传统文化传承发展工程的意见》，系统部署传承发展中华优秀传统文化的战略任务，把传承中华优秀传统文化提升到新的历史高度。2022 年 4 月，中共中央办公厅、国务院办公厅印发《关于推进新时代古籍工作的意见》，明确指出，要完善古籍工作体系、提升古籍工作质量，"挖掘古籍时代价值"，"促进古籍有效利用"，"做好古籍普及传播"。

中华传统文化是中华民族的"根"与"魂"。文化兴则国家兴，文化强则民族强。没有高度的文化自信，没有文化的繁荣兴盛，就没有中华民族的伟大复兴。党的十九届六中全会强调，要"推动中华优秀传统文化创造性转化、创新性发展"。为适应全民阅读、共读经典的时代需求，我们组织出版《中华优秀传统文化经典丛书》，以展示古籍研究领域的成果，推广、普及中华优秀传统文化经典，传承、弘扬中华优秀传统文化，提振当代中国人的文化自信。

激活经典，熔古铸今。丛书精选中华优秀传统文化经典，既选取广为人知的历史沉淀下来的传世经典，也增选极具价值但多部大型丛书未曾选入的珍稀出土文献（如诸多竹简、帛书典籍），充分展示中华传统文化的历史脉络与宏富多元。丛书由众多学识渊博的专家学者担任编委，遴选各领域杰出研究者与传承人担任解读（或译注）作者，切实保证作品品质。

丛书定位为中华优秀传统文化经典普及读物，力求能让广大读者亲近经典、阅读经典，充分领略和感受中华优秀传统文化的魅力，并从中获益。为此，解读者（或译注者）以当代价值需求为切入点解读古代典籍，全方位解决古文存在的难读难解、难以亲近的问题，让中华优秀传统文化贴近现实生活，走进人们的心中，最大限度地发挥以文化人的作用。

"问渠那得清如许？为有源头活水来。"博大精深的中华文化源远流长，五千年文脉绵延不绝，中华优秀传统文化是中华儿女奋发图强、继往开来、实现民族伟大复兴的强大精神来源。"洒扫应对，莫非学问。"千经万论，如果不能够应用落实到实践中，就只是纸上谈兵。读者诸君若能常读经典、读好经典，真正把传统文化的精义、真髓切实融入生活和工作，那各位的知与行也一定能让生活充满希望，让工作点亮未来，让国家昌盛，让世界更美好！

丛书编委会

2022 年 5 月 8 日

序 一

　　丹经《性命圭旨》言："夫学之大，莫大于性命。"即是说，性命之学是天底下最大的学问。华胥子认为，这个最大的学问终究归依于"道"与"德"，或者说，道德是性命的信仰体系。

　　《老子》实乃性命修真之指南，近代以来，"道篇"与"德篇"次序之前后，形成了《道德经》与《德道经》孰是孰非之相关论争，以及关于版本论争必要性的论争。这些论争，未离长久以来关于"性命双修"之"先性后命"与"先命后性"之范畴，并关涉修真功夫之顿渐之次第。

　　《六祖坛经》言："法无顿渐，人有利钝，故名顿渐。"若"道篇"在前、"德篇"在后，强调修真之顿法，若无上等根器，开篇"道可道非恒道；名可名非恒名"之玄旨立马就能晕到一干众生。一超直入的法门其实是一道窄门，必如《论语》言："志于道，据于德。"或如提出"道德性命之学"的王安石曰："道之在我，德也。"或如《史记·老子列传》所记载："老子修道德。"因此，真人得道，盖由道之所生，与生俱来也。《黄帝内经》"上古天真论"中指出真人、至人乃可"淳德全道"。

　　若"德篇"在前、"道篇"在后，强调修真之渐法，广泛适合于中下根器的大众劝导，开篇"上德不德，是以有德；下德不失德，是以无德"奥义虽深，但可逐渐接引众生，正如《周易·系辞下》言："德不配位，必有灾殃。"或如《论语》言："人能弘道，非道弘人。"人弘道在于人之德，而人之德在于为而不得，即《老子》所言："圣人不积"与"圣人之道，为而不争。"又如张紫阳翁《悟真篇》云："德行修逾八百，阴功积满三千，宝符降召去朝天，稳驾琼舆凤辇。"因此，"上古天真论"中真人、至人之后之圣人、贤人以德明道，以德证道，似为我等可追循之现实路径也。

亦可领会为，有一大道曰"道德"，有一种功法曰"德道"。德为修道的过程，道为德行的目的。华胥子打油诗云："修真方向选择对，性命便无大所谓。次序颠倒有不同，所有努力不白费。"

道兄紫云山人，世家子弟，自幼修习，才华横溢，慈心仁厚，道术高超，发心恒大，特解《德道经》，开方便法门自度度人，继往圣绝学弘法利生。华胥子愿随道兄及众生，诚惶诚恐再精进。是为序。

华胥子

序　二

　　端午之际，幸得一阅紫云山人所书甲骨文《德道经》，甚慰，甲骨文乃上古殷商所用文字，今人识者寥寥无几。自老子《德道经》问世以来，数千载尚无书家以甲骨文书之，实为难得。洋洋五千余字，恢宏壮观，美哉妙哉。

　　　　　　　　　　辛丑端午金灵书于欢喜堂

前　言

　　春秋时期哲人老子的著作，长期以来以《道德经》《老子》《五千言》的书名为世人所知。在读者的印象中，《老子》多以《道经》为上卷、《德经》为下卷。一九七三年，考古学家于湖南长沙马王堆汉墓发掘出帛书《老子》。帛书《老子》甲、乙两本的传抄年代略有不同，甲本应在西汉初年刘邦登基以后，乙本在汉文帝登基之后。与以往流传的版本不同，甲、乙两本皆是《德篇》在前、《道篇》在后，尤其乙本在两篇后分别有"德"和"道"二字，明确标出篇名。此外，银雀山汉墓出土的竹简本、敦煌藏经洞中发现的写本，也以《德经》为上卷、《道经》为下卷。对于这一类《老子》版本，学界称之为《德道经》。

帛书《德道经》，是已知出土版本中较为接近老子时代的，比敦煌写本早八九百年。相对其他版本，帛书《德道经》的字句可能更接近老子的原作。因此，本书以帛书《德道经》校定本为底本，进行译注和缮写。译注部分参考学术界对老子著作研究的最新成果，缮写部分使用甲骨文和楷书抄写。帛书《德道经》不分章节，为了方便阅读，本书仍按通行本分为八十一章，作者根据文义自拟标题。

甲骨文是目前公认现存最古老而自成体系的中国文字。古人总结的汉字造字六种方法，即"六书"理论：指事、象形、形声、会意、转注和假借，在甲骨文中都可以找到例证。从最原始的甲骨文、金文，到篆、隶、草、楷、行五书，再到现代文字，汉字和汉字书法经历了漫长的演变过程。其嬗变轨迹虽然可见，但现代文字与甲骨文的字形和笔画大多相去甚远。

相比于现代人，周代哲人距离夏后殷商近得多，老子应该识得甲骨文。用古朴神秘的甲骨文抄写《德道经》，是值得尝试的。希望这种尝试能够为读者展示一种不一样的《德道经》，让读者能够顺着甲骨文的隐幽空间，去领略帛书文字的神秘力量。囿于学力，特以此尝试，就教于方家，望诸君斧正。

目　录

《德道经》译注

《德道经》缮写

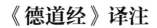

论德 一

上德不德[1]，是以有德；下德不失德[2]，是以无德。上德无为，而无以为也[3]；上仁为之，而无以为也；上义为之，而有以为也。上礼为之，而莫之应也，则攘臂而乃之[4]。故失道而后德，失德而后仁，失仁而后义，失义而后礼。夫礼者，忠信之泊也[5]，而乱之首也[6]。前识者[7]，道之华也[8]，而愚之首也。是以大丈夫居其厚[9]，而不居其泊[10]；居其实，而不居其华。故去皮取此[11]。

[注释]

1 上德不德：上德的人不会自认为有德。

2 下德不失德：下德的人刻意追求形式上的德。

3 上德无为，而无以为也：上德的人无所作为是出于无意的，而不是为了实现什么目的。

4 攘臂而乃之：伸出手臂来使人们强就。乃：曳，牵引，表示强拽他人使其就范。

5 泊：通"薄"，缺失，不足。

6 乱之首：祸乱的开端。

7 前识者：指自认为有先见而预设礼仪规范。

8 华：浮华不实的。

9 居其厚：立身敦厚，指追求道与德。

10 泊：通"薄"，浇薄，指社会风俗不良。

11 去皮取此：舍弃薄华的礼，采取厚实的德。皮：通"彼"。

[译文]

上德的人不会自认为有德，所以才真的有德；下德的人有心追求表面的德，所以不是真正的有德。上德的人无所作为是出于无意，上仁的人有所作为是出于无意，上义的人有所作为是出于有意。上礼的人有所作为，如果得不到回应，就伸出胳臂使人就范。所以失去道之后就会失去德，失去德之后就会失去仁，失去仁之后就会失去义，失去义之后就会失去礼。礼，是道德浅显的方面，也是祸乱的开端。自以为聪明的人所预设的礼仪规范，不过是虚华的道，是愚昧的开端。因此大丈夫应追求敦厚的德，而不追求浇薄的礼；应追求实质的德，而不追求虚华的礼。所以大丈夫居世应舍弃薄华的礼而采取厚实的德。

得一 二

　　昔之得一者[1]，天得一以清，地得一以宁，神得一以霝[2],浴得一以盈[3],侯王得一以为天下正。其至之也[4],胃天毋已清将恐莲[5]，胃地毋已宁将恐发，胃神毋已霝将恐歇，胃浴毋已盈将恐竭[6]，胃侯王毋已贵以高将恐蹶[7]。故必贵而以贱为本，必高矣而以下为基。夫是以侯王自胃孤、寡、不橐[8]，此其贱之本与，非也? 故致数與无與[9]。是故不欲，禄禄若玉，珞珞若石[10]。

[注释]

1 得一：即得道。

2 霝：通"灵"，灵验。

3 浴：通"谷"，河谷。

4 其至之也：由此可以推论。

5 胃：通"谓"。莲：通"裂"。

6 竭：枯竭，干涸。

7 蹶：颠覆。

8 孤、寡、不榖：都是王侯的谦称。"孤""寡"是谦虚地说自己孤德、寡德。榖通"谷"，"不谷"有不善的意思。

9 数與无與：想要获得太多的称誉反而会没有称誉。致：求取，追求获得。與：通"誉"。

10 禄禄：形容玉的华丽。珞珞：形容石的坚实。

[译文]

从来凡是得道的：天得道而清明，地得道而宁静，神得道而灵妙，河谷得道而充盈，侯王得道而使得天下安定。由此可以推论，天不能保持清明，将会崩裂；地不能保持宁静，将会塌陷；神不能保持灵验，将会消失；河谷不能保持充盈，将会涸竭；侯王不能保持地位尊贵，将会被人颠覆。所以一定是贵以贱为根本，一定是高以下为基础。因此侯王自称为"孤""寡""不谷"。这不是把低贱当作根本吗？不是吗？所以想要获得太多的称誉反而会没有称誉。因此不要追求像玉一样华丽，而应该追求像石头一样坚硬。

闻道 三

上士闻道，堇能行之 [1]；中士闻道，若存若亡；下士闻道，大笑之。弗笑不足以为道。是以建言有之曰 [2]：明道如费，进道如退，夷道如类 [3]；上德如浴，大白如辱 [4]，广德如不足，建德如输 [5]，质真如渝 [6]；大方无禺 [7]，大器免成，大音希声，天象无刑 [8]，道隐无名。夫唯道，善始且善成。

[注释]

1 堇：通"勤"，勤勉。

2 建言：立言，古时立言之人说过的话。指广为流传，得到普遍认可的言论。

3 夷道：平坦的道。类：不平。

4 辱：黑，与白相对。

5 建德如输：刚健的德好像怠惰。建：通"健"，刚健。输：通"偷"，惰，懈怠。

6 渝：改变。

7 大方无禺：最方正的却没有棱角。禺：通"隅"。

8 天象无刑：即"大象无形"。天："大"之形讹。刑：通"形"。

[译文]

上士听了道，勤勉地不断去践行；中士听了道，半信半疑；下士听了道，哈哈大笑，认为道是荒诞的。如果不被他们嘲笑，就不足以成为道。因此古时候立言之人说过这样的话：光明的道好似昏暗，前进的道好似后退，平坦的道好似崎岖；崇高的德好似低下的川谷，最洁白的心灵好似含有黑垢，广大的德好似不足，刚健的德好似怠惰，质性纯真好似很容易被改变；最方正的好似没有棱角，最大的器物不需要靠外力合成，最美的音乐反而寂静无声，最大的形象反而看不见形迹，道幽隐而没有名称。只有道，才能使万物善始善终。

反复 四

反也者[1]，道之动也；弱也者[2]，道之用也。天下之物生于有[3]，有生于无[4]。

[注释]

1 反：即"返"。指运动的循环往复。

2 弱：柔弱，微弱。

3 有：指具体的事物，道的载体。

[译文]

道的运动是循环往复的，道的作用是微秒柔弱的。天下事物生于有（具体的事物），有生于无（指无形的道）。

中和 五

道生一,一生二,二生三,三生万物[1]。万物负阴而抱阳[2],中气以为和[3]。天下之所恶,唯孤、寡、不𥤋,而王公以自名也。勿或损之而益[4],或益之而损。觐殷死[5],议而教人[6]。故强良者不得死[7],我将以为学父。

[注释]

1 道生一,一生二,二生三,三生万物:这是老子的宇宙生成论,阐述了道创生万物的过程。这个过程是由少到多、由简至繁的,所以用一、二、三表示。

2 负阴而抱阳:背阴而向阳。

3 中气以为和:阴阳和合,阴阳两气相交并互相影响而达到和谐状态。中:通"冲"。

4 勿：通"物"。

5 此句甲本辨认存在分歧，乙本全部残毁。熊春锦《老子德道经》作"觐殷死"，指礼崩乐坏。觐：《说文解字》："觐，诸侯秋朝曰觐，勤劳王事也。"殷：《说文解字》："作乐之盛称殷。"高明《帛书老子校注》作"故人（之所）教，夕"，"夕"通"亦"。今从熊本。

6 议：通"我"。

7 强良：强横的人。良：通"梁"。

[译文]

道是先于万物而存在的，独立而浑沌的道产生阴阳两气，阴阳两气相交而形成实质的物，逐渐产生万物。万物背阴而向阳，阴阳两气相交冲，调和而形成新的和谐体。人们所厌恶的正是"孤""寡""不谷"，王公却用这些词来称呼自己。万事万物，有时减损它反而获得增益，有时增加它反而受到损失。礼崩乐坏，我以此教导人。所以强横凶暴的人不得好死，我把这些当作施教的原则。

至柔 六

天下之至柔,驰骋于天下之致坚[1]。无有入于无间[2],
五是以知无为之有益也[3]。不言之教,无为之益,天下
希能及之矣。

[注释]

1 驰骋:指自由穿行、来往自如。致:通"至"。

2 无有入于无间:无形的力量能穿透没有间隙的东西。
无有:没有具体形象的东西。无间:没有间隙的东西。

3 五:通"吾"。

[译文]

天下最柔软的东西,能自由穿行于天下最坚硬的东西中。

没有实体的东西能穿透没有间隙的东西，我因此知道无为的好处。不言的教导，无为的好处，天下很少有人能够认识到这些。

立戒 七

名与身孰亲？身与货孰多[1]？得与亡孰病[2]？甚爱必大费[3]，多藏必厚亡[4]。故知足不辱，知止不殆，可以长久。

[注释]

1 多：重，指重视、珍重。

2 得与亡："得"指得到名利。"亡"指失去生命。

3 甚爱必大费：过于爱名就必定要付出很大的耗费。

4 多藏必厚亡：丰厚的藏货就必定会招致惨重的损失。

[译文]

名誉和生命比起来哪一个更值得亲近？生命和财货比

起来哪一个更应受重视？得到名利和丧失生命哪一个更有害处？过分的爱名就必定要付出重大的代价，过多的藏货就必定会遭受惨重的损失。所以知道满足就不会受到屈辱，知道停止就不会遇到危险，这样就能保持长久。

请靓 八

大成若缺[1]，其用不弊[2]；大盈若溢[3]，其用不窭[4]。大直如诎[5]，大巧如拙，大赢如炳[6]。趮胜寒[7]，靓胜炅[8]。请靓可以为天下正[9]。

[注释]

1 大成：天下最完善、最圆满的东西。

2 弊：通"敝"，衰败，衰竭。

3 溢：通"冲"，虚。

4 窭：通"穷"，穷尽。

5 诎：古同"屈"。

6 炳：通"肭"，不足。

7 趮胜寒：急躁多动能生暖御寒。趮：古同"躁"。

8 靓胜炅：心宁体静能生凉耐热。靓：通"静"。炅：通"热"。

9 请靓：即"清静"，指清静无为。

[译文]

最圆满的东西好像有所缺失的样子，但它的作用永远不会衰竭。最充盈的东西好像空虚的样子，但它的作用永远不会穷尽。最正直的东西好像弯曲的样子，最灵巧的东西好像笨拙的样子，最大的盈余好像不足一样。急躁多动能生暖御寒，心宁体静能生凉耐热，清静无为可以做人民的模范。

知足 九

天下有道，却走马以粪[1]；天下无道，戎马生于郊[2]。罪莫大于可欲，祸莫大于不知足，咎莫憯于欲得[3]。故知足之足，恒足矣[2]。

[注释]

1 却：退。粪：通"播"，耕种。

2 戎马生于郊：指国与国之间兴兵征战。戎马：战马。生：兴。

3 憯：痛。

4 故知足之足，恒足矣：知道满足的这种满足，是永远满足的。

[译文]

治理天下遵循大道，把马匹退还给农民用来耕种；治理天下不遵循大道，国家之间就会持续兴兵作战。罪恶没有比放纵欲望更大的了，祸患没有比不知满足更大的了，过失没有比贪得无厌更惨痛的了。所以懂得满足的这种满足，将是永远的满足。

知天下 十

　　不出于户，以知天下；不规于牖¹，以知天道。其出也弥远，其知也弥少。是以圣人，不行而知²，不见而名³，弗为而成。

[注释]

1 不规于牖：不向窗外窥望。规：通"窥"。

2 不行而知：不出行也能推知事理。

3 不见而名：指不窥见而明天道。名：通"明"。

[译文]

　　不走出门外，能够推知天下的事理；不向窗外窥望，能够了解自然的规律。向外走得越远，对道的认识就越少。所以圣人不出行却能推知事理，不察看却能明晓天道法则，无为却能有所成就。

无为 十一

为学者日益[1]，闻道者日损[2]。损之又损，以至于无为。无为而无不为[3]。将欲取天下者恒无事，及其有事也[4]，不足以取天下。

[注释]

1 为学：指希望通过政教、礼乐之学来治理天下。

2 闻道：指依从道的规律来治理天下。

3 无为而无不为：达到无为的境界，就没有什么事情做不成的。

4 有事：政举繁苛。

[译文]

追求以政教、礼乐之学来治理天下的人，政务一天比一天增加；依从道的规律来治理天下的人，政务一天比一天减少。减少又减少，就能达到无为的境界。能无为就没有什么事情不可为。想要得到天下的人要一直顺应道的规律，不用苛政。如果政举繁苛，就不能得到天下。

德善 十二

圣人恒无心[1]，以百姓之心为心。善者善之，不善者亦善之，德善也[2]。信者信之，不信者亦信之，德信也。圣人之在天下，愉愉焉[3]，为天下浑心[4]。百姓皆属其耳目焉[5]，圣人皆咳之[6]。

[注释]

1 无心：无私心。

2 德：通"得"。

3 愉愉：收敛，指收敛私心，没有私欲。

4 浑心：使人心浑朴。

5 百姓皆属其耳目焉：百姓都专注他们自己的耳目。指百姓竞相用智，自然会产生各种的纷争巧夺。

6 圣人皆咳之：圣人孩童般看待他们。咳：通"孩"。

[译文]

圣人没有私心，以百姓的心为自己的心。善良的人，圣人善待他；不善良的人，圣人也善待他；这样可使人人向善。守信的人，圣人信任他；不守信的人，圣人也信任他；这样可使人人守信。圣人在位治理天下，收敛自己的私心、私意，使天下人心化归于浑朴，百姓都投注他们自己的耳目，圣人却像对待小孩一样对待他们。

生死 十三

出生，入死[1]。生之徒十有三[2]；死之徒十有三[3]；而民生生，动皆之死地之十有三[4]。夫何故也？以其生生也。盖闻善执生者[5]，陵行不辟兕虎[6]，入军不被甲兵[7]；兕无所椯其角[8]，虎无所昔其蚤[9]，兵无所容其刃。夫何故也？以其无死地焉[10]。

[注释]

1 出生：人出世为生，指生命开始。入死：人入地为死，指生命终结。

2 生之徒：长寿的人。十有三：十分有三分。

3 死之徒：短命的人。

4 动：妄为。

5 执生：养生。执：通"摄"，保养，养护。

6 辟：通"避"。矢：通"兕"，犀牛。

7 入军不被甲兵：战争中不会受到杀伤。

8 梡：通"投"。

9 昔：通"措"。蚤：通"爪"。

10 无死地：没有进入死亡的范围。

[译文]

人出世为生，入地为死。长寿的人占十分之三；短命的人占十分之三；过分地奉养生命、妄为而走向死路的，也占十分之三。为什么呢？因为他们过分地奉养生命。听说善于养护生命的人，在山岭中行走不会遇到犀牛和老虎，在战争中不会受到伤害；犀牛用不上它的角，老虎用不上它的爪，兵器用不上它的刃。为什么呢？因为他没有进入死亡的领域。

尊贵 十四

道生之，而德畜之；物形之，而器成之。是以万物尊道而贵德。道之尊，德之贵也，夫莫之时而恒自然也[1]。道生之、畜之、长之、遂之、亭之、毒之[2]、养之、覆之。生而弗有也，为而弗寺也，长而弗宰也，此之胃玄德[3]。

[注释]

1 莫之时而恒自然：不在于世俗的品秩、爵位，而在于让万物顺任自然。时：通"爵"，指世俗的尊贵爵位。

2 亭之、毒之：即定之、安之。一作"成""熟"讲。

3 生而弗有也，为而弗寺也，长而弗宰也，此之胃玄德：生成万物却不据为己有，养育万物却不自恃己能，使万物生长却不主宰他们，这就是最深的德。寺：通"恃"。

[译文]

道生成万物，德畜养万物，万物呈现各种形态，型范成就万物的品类。所以万物尊崇道而重视德。道所以受尊崇，德所以被重视，不在于世俗的品秩、爵位，而在于让万物顺任自然。所以道生成万物，德畜养万物，使万物成长，使万物安宁心性，使万物得到爱养调护。生成万物却不据为己有，养育万物却不自恃己能，使万物生长却不主宰万物，这就是最高深的德。

守母 十五

　　天下有始[1]，以为天下母[2]。既得其母，以知其子[3]，复守其母，没身不殆。塞其兑，闭其门[4]，终身不堇。启其闷，济其事[5]，终身不救。见小曰明[6]，守柔曰强。用其光，复归其明[7]。

[注释]

1 始：本始，指道。

2 母：根源，指道。

3 子：指万物。

4 塞其兑，闭其门：塞住嗜欲的孔窍，闭起嗜欲的门径。兑：通"兑"，孔、穴。下句"闷"同义。

5 启其闷，济其事：打开嗜欲的孔窍，增添纷杂的事件。

6　见小曰明：能察见细微的事物，以小见大、见微知著，才是明。

7　光：向外照耀，指表面的智慧。明：向内透亮，指内在的智慧。

[译文]

天地万物都有本始，这个本始就是天地万物的根源。如果已经认识万物的根源，就能认识万物；（如果已经认识万物，）又持守万物的根源，那么终身都不会遇到危险。塞住嗜欲的孔窍，闭起嗜欲的门径，终身都不会受到劳扰。打开嗜欲的孔窍，增添纷杂的事件，终身都不可救治。能察见细微、见微知著的叫做"明"，能忍辱守弱的叫做"强"。运用智慧的光，返照内在的明。

盗栲 十六

毋道身殃¹,是胃袭常²。使我擦有知也³,行于大道,唯施是畏⁴。大道甚夷⁵,民甚好解⁶。朝甚除⁷,田甚芜,仓甚虚;服文采,带利剑,厌食而赍财有余⁸;是胃盗栲⁹。盗栲,非道也!

[**注释**]

1 毋道身殃: 不给自己带来灾殃。道: 应从乙本作"遗"。

2 袭常: 承袭常道,有韬光养晦之意。

3 擦有知: 掌握知识。擦: 通"挈",握持,掌握。

4 施: 邪,邪道。

5 夷: 道路平坦。

6 解: 通"径",弯曲不平的小路,指邪径。

7 朝甚除：朝廷非常败坏。除：废。

8 厌：饱足。

9 盗桍：盗魁。

[译文]

不给自己带来灾殃，这叫做承袭常道。假使我掌握了知识，在大道上行走，唯恐走入了邪路。大道很平坦，但是人们却喜欢走不平的邪径。朝政非常腐败，致使农田非常荒芜，仓库十分空虚；君主穿着锦绣的衣服，佩带锋利的宝剑，饱餐精美的饮食，搜刮用不完的财货；这就叫做盗魁贼首。盗魁贼首，实在是无道呀！

善观 十七

　　善建者不拔，善抱者不脱¹，子孙以祭祀不绝²。修之身，其德乃真；修之家，其德有余；修之乡，其德乃长³；修之邦，其德乃丰；修之天下，其德乃博。以身观身，以家观家，以乡观乡⁴，以邦观邦，以天下观天下。吾何以知天下然兹？以此。

[注释]

1 抱：抱持。

2 子孙以祭祀不绝：如果子孙能遵守"善建""善抱"的道理，后代的烟火就不会断绝。

3 长：兴盛。

4 以身观身，以家观家，以乡观乡：以自身察照别人，以自家察照他家，以我乡察照他乡。

[译文]

　　善于建树的人有所建树就不会被拔除，善于抱持的人有所抱持就不会脱落，如果子孙能遵行这个道理，则世世代代的祭祀不会断绝。拿这个道理贯彻到个人，他的德就会真诚；贯彻到一家，他的德就会有余；贯彻到一乡，他的德就会受人尊崇；贯彻到一国，他的德就会兴盛高大；贯彻到天下，他的德就会遍及天下。所以要从个人观照他人，从自家观照别家，从一乡观照他乡，从一国观照他国，从我的天下观照其他的天下。我用什么知道天下的情况呢？用这种道理。

含德 十八

含德之厚者，比于赤子。逢猰蝹地弗螫[1]，攫鸟猛兽弗搏[2]。骨弱筋柔而握固。未知牝牡之会而朘怒[3]，精之至也。终日号而不发[4]，和之至也。和曰常，知和曰明[5]，益生曰祥[6]，心使气曰强[7]。物壮即老[8]，胃之不道，不道早已。

[注释]

1 逢：通"蜂"。猰：通"蝎"。蝹：通"虺"地：通"蛇"。蜂、蝎、蝹、蛇，都是毒虫。螫：毒虫用尾端刺人。

2 攫鸟：鸷鸟，鸟之烈者。攫：通"攫"。

3 朘怒：婴孩生殖器举起。

4 发：通"嗳"，气逆。

5 和曰常,知和曰明:"知和曰明"当从乙本作"知常曰明"。淳和的道理叫做"常",认识常叫做"明"。

6 益生:纵欲贪生。祥:妖祥,灾异。

7 强:凶暴,逞强。

8 壮:武力兴暴。

[译文]

含德深厚的人,就好像初生的婴儿。各种毒虫都不咬伤他,猛禽、猛兽不伤害他。他筋骨柔弱,但拳头握得很牢固。他不知道男女交合,但生殖器却会勃起,这是因为精气充足。他整天号哭却不会气逆,这是因为元气淳和。淳和的道理叫做"常",认识常叫做"明"。纵欲贪生就会有灾异,欲念主使精气就是逞强。事物过分强壮就将衰老,这叫做不合于道,不合于道就会很快死亡。

玄同 十九

知者弗言，言者弗知。塞其闷，闭其门，和其光，同其尘¹，坐其兑而解其纷²，是胃玄同³。故不可得而亲，亦不可得而疏；不可得而利，亦不可得而害；不可得而贵，亦不可得而浅⁴。故为天下贵。

[注释]

1 尘：同"尘"。

2 坐其兑：挫磨掉锐气。坐：通"挫"。兑：通"锐"。

3 玄同：玄妙齐同的境界，即道的境界。

4 浅：通"贱"，与"贵"相对。

[译文]

知道大道变化无穷无常的人,也就知道不能描述其本质;能描述出来其中道理的人,还是没有了解大道之变化无穷无常的本质。塞住嗜欲的孔窍,闭起嗜欲的门径,收敛光芒,混同于尘埃,挫磨掉锐气,消解掉纷扰,这就是玄妙齐同的境界。所以对待天下人,不能因为关系亲近而优待,也不能因为关系疏远而怠慢;不能因为有利而优待,也不能因为有害而怠慢;不能因为地位尊贵而优待,也不能因为地位低贱而怠慢。所以为天下所尊贵。

治邦 二十

以正之邦[1]，以畸用兵[2]，以无事取天下[3]。吾何以知其然也哉？夫天下多忌讳[4]，而民弥贫；民多利器[5]，而邦家兹昏[6]；人多知，而奇物兹起[7]；法物兹彰，而盗贼多有。是以圣人之言曰：我无为也，而民自化；我好静，而民自正；我无事，民自富；我欲不欲，而民自朴。

[注释]

1 正：指清静无为之道。之：通"治"，治理。

2 畸：通"奇"，奇巧，诡秘，临机应变。

3 取天下：获取天下民心，即治理天下。

4 天下多忌讳，而民弥贫：人主的禁忌越多，百姓就越贫苦。

5 利器：指权谋、智巧。

6 兹：通"滋"。益，愈加。

7 奇物：妖邪不正之事。

[译文]

以清静无为之道治国，以奇巧的方法用兵，以不搅扰百姓的方式治理天下。我怎么知道是这样的？天下的禁忌越多，百姓越陷于贫困；人们的权谋智巧越多，国家就越陷于昏乱；人们的知识越多，妖邪的事情就连续发生；法令太过森严，盗贼反而越来越多。所以圣人的言论说：我无为，那么人民就自我化育；我清静，那么人民就自然上正轨；我不搅扰，那么人民就自然富足；我没有贪欲，那么人民就自然朴实。

为正 二十一

其正閟閟[1]，其民屯屯[2]；其正察察[3]，其邦夬夬[4]。祸，福之所倚；福，祸之所伏。孰知其极？其无正也[5]。正复为奇，善复为妖[6]。人之迷也，其日固久矣。是以方而不割[7]，兼而不刺[8]，直而不絏[9]，光而不耀。

[注释]

1 正：通“政”，政治。閟閟：同“闷闷”，昏昏昧昧，形容政治宽厚。

2 屯屯：同“淳淳”，淳朴忠厚。

3 察察：严苛。

4 夬夬：通“缺缺”，疏薄诈伪貌。

5 正：定，指确定的、清晰的标准。

6　正复为奇，善复为妖：正又转变为邪，善又转变为恶。妖：不善，恶。

7　方而不割：方正却不割伤人。

8　兼而不刺：有棱角却不刺伤人。兼：通"廉"，棱角。

9　直而不绁：直率却不放肆。绁：通"肆"。

[译文]

政治宽厚，人民就淳朴；政治严苛，人民就狡诈。幸福就倚傍在灾祸旁边，灾祸就藏伏在幸福里面。谁能知道它们的究竟呢？它们并没有确定的标准。正可以再转变为邪，善可以再转变为恶。人们被这些现象迷惑已经很久了。因此有道之人方正却不割伤人，有棱角却不刺伤人，直率却不放肆，明亮却不刺目。

长生 二十二

治人事天[1]，莫若啬[2]。夫唯啬，是以蚤服[3]；蚤服胃之重积德[4]；重积德则无不克；无不克则莫知其极；莫知其极，可以有国；有国之母[5]，可以长久。是胃深根固柢，长生久视之道也[6]。

[注释]

1 治人：指治理国家。事天：指存心养性。

2 啬：爱惜，保养，此处指爱惜精力，珍重不用。

3 蚤服：早做准备。蚤：通"早"。服：通"备"，准备。

4 重积德：不断地积蓄"德"。

5 有国之母：治理好国家的根本之道。

6 长生久视：长久维持；长久存在。久视：久立。

[译文]

治理国家、存心养性，没有比爱惜精力更重要的。爱惜精力，乃是早做准备；早做准备就是不断地积蓄德；不断地积蓄德就没有什么不能胜任的；没有什么不能胜任就无法知道他的力量；无法知道他的力量，就可以治理好国家；掌握治理好国家的根本之道，就可以长久维持。这就是根深柢固、长生久视的道理。

居位 二十三

治大国，若烹小鲜[1]。以道莅天下，其鬼不神；非其鬼不神也，其神不伤人也；非其申不伤人也[2]，圣人亦弗伤也。夫两不相伤[3]，故德交归焉。

[注释]

1 小鲜：小鱼。

2 申：通"神"，指鬼神显灵。

3 两不相伤：指鬼和圣人两方面都不侵越人。

[译文]

治理大国，好像煎小鱼。用道治理天下，鬼不能显灵；不但鬼不能显灵，显灵也不会侵越人；不但显灵也不会侵越人，圣人也不侵越人。鬼和圣人都不侵越人，所以德全都归会于民。

处下 二十四

　　大邦者下流也，天下之牝也，天下之郊也¹。牝恒以靓胜牡²，为其靓也，故宜为下。大邦以下小邦，则取小邦³；小邦以下大邦，则取于大邦。故或下以取，或下而取。故大邦者，不过欲兼畜人⁴，小邦者，不过欲入事人。夫皆得其欲，则大者宜为下。

[注释]

1 郊：通 "交"。

2 靓：通 "静"，清静之道。

3 取：通 "聚"。

4 兼畜人：把人聚在一起加以养护。兼：聚起来。畜：

饲养。

[译文]

大国要像江河下流一样居于卑下的位置，这是天下雌柔的位置，是天下百川交汇的地方。雌柔常以清静而胜过雄强，因为清静，所以适合处下。大国对小国谦下，就能被小国依附；小国对大国谦下，就能被大国扶持。所以有时（大国）谦下以会聚（小国），有时（小国）谦下而见容（于大国）。所以大国不过是要聚养小国，小国不过是有求于大国。这样大国小国都可以得到他们想要的东西。大国更应该谦卑处下。

道注 二十五

道者，万物之注也[1]。善人之葆也[2]，不善人之所葆也[3]。美言可以市，尊行可以贺人[4]。人之不善，何弃之有？故立天子，置三卿[5]，虽有共之璧以先四马[6]，不善坐而进此。古之所以贵此者何？不胃求以得[7]，有罪以免舆[8]？故为天下贵。

[注释]

1 注：通"主"，主宰。

2 葆：通"宝"。

3 不善人之所葆：不善的人也要保持它。

4 美言可以市，尊行可以贺人：美好的言词可以用于人际交往，可贵的行为可以施惠于人。市：交易。贺：通"嘉"，

"贺人"即"嘉人"，施惠于人。

5　三卿：太师，太傅，太保，古代最高官位名称。

6　有共之璧以先四马："有共之璧"即拱璧，"四马"即驷马。拱璧在先，驷马在后，是古时献奉的礼仪。

7　求以得：有所求就能得到满足。

8　有罪以免舆：有罪的人得到道可以免罪吗？

[译文]

道是万物的主宰。善人珍视它，不善的人也要保持它。美好的言词可以用于人际交往，可贵的行为可以施惠于人。不善的人，为什么要把道舍弃呢？所以立位天子，设置三公，虽有进奉拱璧在先、驷马在后的礼仪，不如用道来进献。古时候珍视道的原因是什么呢？不正是因为有所求的可以得到满足，有罪的可以得到宽恕吗？所以道才能被天下人所珍视。

无难 二十六

为无为，事无事，味无未[1]。大小多少[2]，报怨以德。图难于其易也，为大于其细也。天下之难作于易，天下之大作于细。是以圣人终不为大[3]，故能成其大。夫轻诺必寡信，多易必多难。是以圣人犹难之，故终于无难。

[注释]

1 味无未：把无味当作味。未：通"味"。

2 大小多少：大生于小，多起于少。一说是大的看作小，小的看作大，多的看作少，少的看作多。一说是去其大，取其小，去其多，取其少。

3 不为大：不自以为大。

[译文]

以无为的方式作为，以不搅扰的方法做事，把无味当作味。大生于小，多起于少，用恩德来报答仇怨。解决困难要从容易之处入手，做大事要从细微小事入手。天下的难事，必定从容易之事做起；天下的大事，必定从细微的小事做起。因此圣人始终不自以为大，所以能成就大事。轻易许诺的一定很容易失信，把事情看得太容易一定会遭遇更多的困难。因此圣人总把事情看得很困难，所以最后没有困难。

辅物 二十七

其安也，易持也。其未兆也，易谋也。其脆也，易破也[1]。其微也，易散也。为之于其未有也，治之于其未乱也。合抱之木，生于毫末；九成之台[2]，作于蠃土[3]；百仁之高[4]，始于足下。为之者败之，执之者失之。是以圣人无为也，故无败也，无执也，故无失也。民之从事也，恒于其成事而败之。故慎终若始，则无败事矣。是以圣人欲不欲，而不贵难得之脆[5]；学不学[6]，而复众人之所过。能辅万物之自然，而弗敢为。

[注释]

1 其脆也，易破也：事物脆弱时容易破裂。

2 成：通"层"。

3 蔂：通"蔂"，盛土的筐。

4 仞：通"仞"，古时八尺或七尺叫做一仞。

5 腾：通"货"。

6 学不学：学习人们未能学习的大道。

[译文]

局面安稳时容易持守，事变没有预兆时容易图谋。事物脆弱时容易破裂，事物微细时容易散失。要在事情发生以前就早做准备，要在祸乱产生以前就提前治理。合抱的大树，是从细小的萌芽开始生长的；九层的高台，是从一筐筐土开始建筑的；百仞的高山，是从脚下一步一步开始攀登的。强作妄为就会失败，执意把持就会失去。因此圣人不妄为，所以不会失败；不把持，所以不会丧失。人们做事，常在快要成功时失败。所以在事情结束时要像开始时一样慎重，那就不会失败了。所以圣人求人所不欲求的，不贪图难得的货物；学人所不学的，补救众人的过错。圣人能够辅助万物的自然变化，却不加干预。

玄德 二十八

　　故曰为道者非以明民也[1]，将以愚之也[2]。民之难治也，以其知也[3]。故以知知邦[4]，邦之贼也；以不知知邦，邦之德也。恒知此两者，亦稽式也[5]。恒知稽式，此胃玄德。玄德深矣、远矣，与物反矣[6]，乃至大顺[7]。

　　[注释]

　　1 明：精巧，奸诈。

　　2 愚：淳朴，无机巧之心。

　　3 知：机巧伪诈。

　　4 以知知邦：用智巧治理国家。前一个"知"指智巧，后一个"知"指治理、统治。

　　5 亦：乃，为。稽式：法则。

6 反：借为"返"。指复归于真朴。

7 大顺：自然。

[译文]

所以说，能践行大道的人，不是教人民巧诈，而是使人民淳朴。人民之所以难以统治，是因为他们有智巧心机。所以用智巧治理国家，是国家的灾祸；用淳朴治理国家，是国家的幸福。认识这两种差别，就是治国的法则。守住这个法则，就是"玄德"，"玄德"好深、好远，和万物一同复归于真朴，然后才能达到自然的境界。

江海 二十九

江海之所以能为百浴王者¹，以其善下之，是以能为百浴王。是以圣人之欲上民也，必以其言下之；其欲先民也，必以其身后之。故居前而民弗害也，居上而民弗重也²。天下乐隼而弗猒也³。非以其无净与⁴？故天下莫能与诤。

[注释]

1 百浴王：百川所归往。浴：通"谷"，百谷即百川。王：有归往之意。

2 重：累，不堪。

3 隼：通"推"，举荐。猒：古同"厌"，厌恶。

4 诤：通"争"。

[译文]

江海之所以能成为百川汇聚的地方，因为它善于处在低下的地位，因此能成为百川汇聚的地方。所以圣人要统率人民，一定要在言辞上对人民谦下；要做人民的表率，一定要把自己的利益放在人民之后。所以圣人居于人民之前而人民不受到伤害；居于人民之上而人民不感到负累。所以天下人民乐于推举他而不厌弃他。难道不是因为他不与人相争吗？所以天下没有人能与他相争。

安居 三十

小邦寡民 [1]。使十百人之器毋用 [2]，使民重死而远徙。有车周无所乘之，有甲兵无所陈之。使民复结绳而用之。甘其食，美其服，乐其俗，安其居。邻邦相望，鸡狗之声相闻，民至老死，不相往来。

[注释]

1 小邦寡民：这是老子基于当时农村生活所构想的理想社会。

2 十百人之器：相当于十倍、百倍人工的器械。

[译文]

使国土狭小，使人民稀少。使相当于十倍、百倍人工的器械不需要被使用；使人民重视死亡和向远方搬迁的事。有车辆船只，却没有需要乘坐；有铠甲武器，却没有机会使用。使人民再次结绳记事。给人民甜美的饮食，美丽的衣服，欢乐的习俗，安适的居所。邻国之间可以互相看见，鸡鸣狗吠的声音可以互相听见，人民从生到死，互相不往来。

不积 三十一

　　信言不美，美言不信¹。知者不博，博者不知。善者不多，多者不善。圣人无积，既以为人己愈有，既以予人己愈多。故天之道，利而不害；人之道，为而弗争。

[注释]

1 美言：巧言，虚假之言。

[译文]

　　真实的话不漂亮，漂亮的话不真实。真正了解的人不一定广博，广博的人不能深入了解。有道的人不谋求私利，谋求私利的人不会顺应天道。有道的圣人什么也不保留，他越帮助别人，自己反而更充足；他越是把自己的一切给予别人，自己反而更丰富。自然的规律，让万物都得到好处而不伤害它们；有道之人的法则，是给予而不是争夺。

三葆 三十二

天下皆胃我大，大而不宵¹。夫唯大，故不宵。若宵，细久矣。我恒有三葆之²：一曰兹³，二曰检⁴，三曰不敢为天下先。夫兹，故能勇⁵；检，故能广⁶；不敢为天下先，故能为成事长⁷。今舍其兹且勇⁸，舍其检且广，舍其后且先，则必死矣。夫兹，以战则胜，以守则固。天将建之，如以兹垣之。

[注释]

1 宵：通"肖"。不宵：不像具体的事物。

2 葆：通"宝"。

3 兹：通"慈"，慈爱。

4 检：通"俭"，节俭。

5 夫兹，故能勇：慈爱所以能勇迈，与孟子“仁者无敌”
之说相通。

6 检，故能广：节俭所以能厚广。

7 成事长：成为天下的首长。

8 且：求取，追求。

[译文]

天下人都说道太广大了，不像任何具体的东西。正因为
它的广大，所以不像任何具体的东西。如果它像具体事物的
话，就趋于细小而不像道了！我有三种宝贝，应当永久持守
而保全着。第一种叫做慈爱，第二种叫做俭啬，第三种叫做
不敢居于天下人的前面。有了慈爱所以能勇武，有了俭啬所
以能厚广，不敢居于天下人的前面，所以能成为天下万物的
首长。现在丢弃了慈爱而求取勇武，丢弃了俭啬而求取宽广，
舍弃退让而求取争先，结果只能是走向死路！慈爱，用来征
战就能胜利，用来守卫就能巩固。天要救助谁，就用慈爱来
保护他。

不争 三十三

善为士者不武[1]；善战者不怒；善胜敌者弗与[2]；善用人者为之下[3]。是胃不争之德，是胃用人，是胃天，古之极也。

[注释]

1 为：治理，管理。士：士卒。为士：统率士卒，指担任将帅。

2 弗与：不与之争。

3 为之下：对人谦下。

[译文]

善做将帅的人，不逞勇武；善于打仗作战的人，不轻易被激怒；善于战胜敌人的人，不与敌人正面冲突；善于用人的人，对人谦下。这叫做不与人争的品德，这叫做善于用人的能力，这叫做天道，这是自古以来的最高准则。

用兵 三十四

　　用兵有言曰：吾不敢为主而为客[1]；吾不进寸而芮尺[2]。是胃行无行[3]，攘无臂[4]，执无兵[5]，乃无敌矣。祸莫大于无适[6]，无适近亡吾宝矣。故称兵相若[7]，则哀者胜矣[8]。

[注释]

1 为主：主动发起战争。

2 芮：通"退"。

3 行无行：第一个"行"指行军，第二个"行"指军队行列。虽然有阵势，却像没有阵势。

4 攘无臂：虽然要奋臂，却像没有臂膀可举。

5 执无兵：虽然有兵器，却像没有兵器。兵：指兵器。

6 适：通"敌"。无适：指缺乏作战经验。

7 称兵相若：双方兵力相当。

8 哀：通"爱"，有"慈"之意。"闵"，即第六十七章所说的"慈"。

[译文]

用兵的曾说："我不敢主动进攻，而采取守势；不敢前进一寸，而宁可后退一尺。"这就是说：虽然有阵势，却像没有阵势；虽然要奋臂，却像没有臂膀可举；虽然有兵器，却像没有兵器；这样就没有对手了。祸患再没有比轻敌更大的了，轻敌几乎丧失了我的"三宝"。所以两军实力相当的时候，怀有慈悲怜悯的一方能获得胜利。

怀玉 三十五

吾言甚易知也，甚易行也；而人莫之能知也，而莫之能行也。言有君，事有宗[1]。其唯无知也[2]，是以不我知。知我者希，则我贵矣[3]。是以圣人被褐而怀玉。

[注释]

1 言有君，事有宗：言论有主旨，行事有根据。君、宗：都是"主"的意思。

2 无知：不了解。

3 则：法则，这里活用为动词，效法之意。贵：难得。

[译文]

我的话很容易懂，很容易实行；可天下却没有人明白，不能实行。言论有主旨，行事有根据。正因为人们不了解这个道理，所以不了解我。了解我的人越少，能取法于我的人就更难得。因而有道的圣人外面穿着粗衣而内怀美玉。

知病 三十六

知不知[1]，尚矣[2]；不知不知[3]，病矣。是以圣人之不病，以其病病也[4]，是以不病。

[注释]

1 知不知：知道自己还有所不知。

2 尚：通"上"。

3 不知不知：不知道自己不知道（却自以为知道）。

4 病病：把缺点当作缺点。

[译文]

知道自己有所不知道，这是最好的；不知道却自以为知道，这是缺点。有道的人没有缺点，因为他把缺点当作缺点，所以他就没有缺点了。

畏畏 三十七

民之不畏畏¹，则大畏将至矣²。毋闸其所居³，毋猒其所生⁴。夫唯弗猒，是以不猒⁵。是以圣人，自知而不自见也⁶，自爱而不自贵也⁷。故去被取此⁸。

[注释]

1 不畏畏：不畏惧威压。第一个"畏"作畏惧讲；第二个"畏"通"威"，指统治者的威压。

2 大畏：指可怕的事，作祸乱讲，"畏"通"威"。

3 闸：通"狭"。

4 猒：通"厌"，压迫。

5 夫唯弗猒，是以不猒：只有不压榨（人民），人民才不厌恶（统治者）。

6　见：通"现"，表现。不自见：不自我表现。

7　自爱不自贵也：指圣人但求自爱而不求自显高贵。

8　去被取此：指舍去"自见""自贵"，而取"自知""自爱"。被：通"彼"。

[译文]

当人民不畏惧统治者的威压时，那么更大的祸乱就要发生了。不要逼迫人民，使人民不得安居，不要压榨人民的生活。只有不压榨人民，人民才不厌恶统治者。因此，有道的人但求自知而不自我表现，但求自爱而不自显高贵。所以要舍去后者而取前者。

天网 三十八

勇于敢者则杀,勇于不敢者则栝[1]。此两者或利或害。天之所恶,孰知其故? 天之道[2],不弹而善胜[3],不言而善应,不召而自来,弹而善谋[4]。天网恢恢[5],疏而不失[6]。

[注释]

1 勇于者敢则杀,勇于不敢者则栝:勇于坚强就会遭到杀害,勇于柔弱就能保全性命。栝:通"活"。

2 天之道:指自然规律。

3 弹:通"战",争斗。

4 弹:通"坦",坦然,自然从容。

5 天网:自然的范围。恢恢:宽大,广大无边。

6 失:漏失。

[译文]

勇于坚强就会遭到杀害，勇于柔弱就可保全性命。这两种勇的结果，一种得利，一种遭害。天道所厌恶的，谁知道是什么缘故呢？自然的规律，是不争斗而善于得胜，不言语而善于回应，不召唤而自动来到，坦然从容而善于安排筹划。自然的范围广大无边，虽然稀疏但不会有一点漏失。

司杀 三十九

若民恒且不畏死，奈何以杀惧之也？若民恒是死，则而为者[1]，吾将得而杀之，夫孰敢矣？若民恒且必畏死，则恒有司杀者[2]。夫代司杀者杀[3]，是代大匠斫也[4]。夫代大匠斫者，则希不伤其手矣。

[注释]

1 则而为者：脱一字，应作"则而为奇者"。奇：邪恶。为奇：指做出邪恶的行为。

2 司杀者：专管杀人的，指天道。

3 代司杀者：代替专管杀人的。

4 斫：砍，削。

[译文]

如果人民全都不畏惧死亡，为什么用死去恐吓他们？如果人民全都畏惧死亡，对于那些罪大恶极的人，我们就可以把他们抓来杀掉，谁还敢再去为非作歹？如果人民全都非常畏惧死亡，就一定有专管杀人的人去执行杀的任务。那代替专管杀人的人去杀人，就如同代替木匠去砍木头一样。代替木匠砍木头的人，很少有不砍伤自己的手的。

贵生 四十

人之饥也，以其取食逆之多也[1]，是以饥。百姓之不治也，以其上有以为也[2]，是以不治。民之轻死，以其求生之厚也[3]，是以轻死。夫唯无以生为者[4]，是贤贵生[5]。

[注释]

1 逆：通"税"。

2 有以为：违背自然规律的行为；强作妄为。

3 以其求生之厚：由于统治者奉养奢厚。

4 无以生为：不去追求生活享受。

5 贤：胜。贵生：厚养生命。

[译文]

人民之所以饥饿，是因为统治者吞吃税赋太多，因此人民才陷于饥饿。人民所以难以管治，是因为统治者政令繁苛，强作妄为，因此人民才难以管治。人民所以轻于犯死，是因为统治者奉养奢厚，因此人民才轻于犯死。只有不去追求生活享受的人，才比奉养奢厚的人更胜一筹。

柔弱 四十一

人之生也柔弱[1]，其死也葿仞贤强[2]。万物草木之生也柔脆[3]，其死也槹薨[4]。故曰：坚强者，死之徒也[5]；柔弱微细，生之徒也[6]。兵强则不胜，木强则恒[7]。强大居下，柔弱微细居上。

[注释]

1 柔弱：指人的身体是柔软的。

2 葿仞贤强：指人体的僵硬。葿：通"筋"。仞：通"韧"。贤：通"坚"。

3 柔脆：指草木形质柔软脆弱。

4 槹薨：同"枯槁"，草木干枯，坚僵。

5 死之徒：属于死亡一类。

6　生之徒：属于生存一类。

7　恒：通"烘"，指树木被砍伐后遭焚烧。

[译文]

　　人活着的时候身体柔软灵活，死了的时候身体就变得僵硬。草木生长的时候形质是柔软脆弱的，死了的时候就干枯了。所以说：坚强的东西属于死亡的一类，柔弱的东西属于生存的一类。因此用兵逞强就会遭致失败，树木强大就会遭致砍伐焚烧。凡是强大的，往往居于下位，凡是柔弱的，往往占据上位。

天道 四十二

　　天下之道，犹张弓者也。高者印之¹，下者举之；有余者敚之²，不足者补之。故天之道，敚有余而益不足。人之道³，敚不足而奉有余。孰能有余而有以取奉于天者？此有道者乎！是以圣人为而弗有，成功而弗居也。若此，其不欲见贤也⁴。

[注释]

1 印：通"抑"，压，压抑。

2 敚：通"损"。

3 人之道：指社会的一般法则。

4 贤：多才。

[译文]

自然的规律，就像张弓射箭一样。弦位高了就把它压低一些，弦位低了就把它升高一些；有余的加以减少，不足的加以补充。所以自然的规律，是减少有余补充不足。可是人世的行为法则却不是这样，要剥夺不足而用来供奉有余的人。那么谁能够把有余的拿来供给天下不足的呢？这只有有道的人才能做到吧！因此有道的人化育万物而不据为己有，有所成就而不居功自傲。这样做，是因为他不想表现自己的贤能。

水德 四十三

天下莫柔弱于水，而攻坚强者莫之能先也，以其无以易之也！水之胜刚也，弱之胜强也，天下莫弗知也，而莫能行也。故圣人之言云曰：受邦之詢[1]，是胃社稷之主；受邦之不祥[2]，是胃天下之王。正言若反[3]。

[注释]

1 受邦之詢：承担全国的屈辱。詢：通"垢"，耻辱。

2 受邦之不祥：承担全国的祸难。

3 正言若反：正面的话好像反话一样。

[译文]

世间最柔弱的莫过于水，而攻坚克强的东西没有能胜过它的，因为没有东西能替代它。水胜过刚，弱胜过强，天下没有人不知道这个道理，但没有人能实行。因此有道的人说："承担全国的屈辱，才配称国家的君主；承担全国的祸难，才配做天下的君王。"正面的话好像反说一样。

右介 四十四

和大怨，必有余怨 [1]，焉可以为善？是以圣右介而不以责于人 [2]。故有德司介，无德司徹 [3]。夫天道无亲 [4]，恒与善人。

[注释]

1 和大怨，必有余怨：大怨虽然调解，必然仍有余怨。老子认为以德来和解怨，也不是好的办法，最好是不和人民结怨。

2 圣右介："圣"下疑脱"人执"二字，当作"圣人执右介"。介：通"契"，债权人所持的契约。古代以竹木简为契约，分左右两片，以右为尊，左契待相合而已，而右契可以责偿。责：索取偿还。

3　司彻：掌管税收。彻：通"彻"，春秋时期的税法。

4　天道无亲：天道对任何人没有偏爱。

[译文]

调解深重的怨恨，必然还有余留的怨恨，这怎能算是妥善的办法呢？因此圣人保存借据的存根，但是并不向人索取偿还。有德的人就像持有借据的人那样宽裕，无德的人就像掌管税收的人那样苛取。自然的规律是没有偏爱的，经常和善人在一起。

观眇 四十五

　　道，可道也，非恒道也[1]。名，可名也，非恒名也[2]。无，名万物之始也；有，名万物之母也[3]。故恒无欲也，以观其眇；恒有欲也，以观其所噭[4]。两者同出，异名同胃；玄之又玄，众眇之门[5]。

[注释]

　　1 道，可道也，非恒道也：这三个"道"字语境意义不同，但彼此之间具有内在联系。第一个"道"字作名词，即道理。第二个"道"字作动词，即言说的意思。第三个"道"是老子哲学上的专有名词，是指构成宇宙万物的本体。

2 名，可名也，非恒名也：第一个"名"字作名词，指道之名。第二个"名"字作动词，有称名、称谓之意。第三个"名"字为老子特用术语，是称"道"之名。

3 无，名万物之始也；有，名万物之母也："无"是天地产生之前，道的原始状态，"有"是天地，指天地生万物。"无""有"是指称"道"的，是表明"道"由无形质落实向有形质的活动过程。

4 恒无欲也，以观其眇；恒有欲也，以观其所噭：经常体"无"，以观照"道"的奥妙；经常体"有"，以观照"道"的边际。眇：通"妙"。

5 众眇之门：万物奥妙的大门，即指"道"而言。

[译文]

可以用言词表达的道，就不是恒久的道。可以用文字表述的名，就不是恒久的名。无，是形成万物的本始；有，是创生万物的根源。所以经常没有欲望，可以观照道的奥妙；经常存有欲望，可以观照道的端倪。无和有都源于道，名称不同但都非常幽深；幽深又幽深，是一切奥妙的大门。

观噭 四十六

　　天下皆知美为美，恶已[1]；皆知善，訾不善矣[2]。有无之相生也[3]，难易之相成也，长短之相形也，高下之相盈也[4]，意声之相和也[5]，先后之相随，恒也。是以圣人居无为之事[6]，行不言之教[7]。万物作而弗始也，为而弗志也[8]，成功而弗居也。夫唯居[9]，是以弗去。

[注释]

　　1 天下皆知美为美，恶已：天下都知道美所以是美，是因为丑的观念产生了。恶：丑。

　　2 訾：通"斯"，连词，则。

　　3 有无之相生也："有""无"，指现象界事物的显或隐。

　　4 高下之相盈也：高与下相互补充。盈：通"呈"，"呈"

与"形"义同。

　　5 意声之相和也：乐器的音响和人的声音相互谐和。意：通"音"。

　　6 无为：顺应自然而为。

　　7 不言：不发号施令，喻少说多做，重潜移默化。"言"，指政教号令。"不言之教"，意指非形式条规的督教，而为潜移默化的引导。

　　8 志：通"恃"。

　　9 夫唯居："唯"下疑脱"弗"字，当作"夫唯弗居"。居：自我夸耀。

　　[译文]

　　天下都知道美所以是美，是因为丑的观念产生了；天下都知道善之所以是善，是因为不善的观念产生了。有和无互相形成，难和易互相促就，长和短互为比较，高和下互为呈现，音和声彼此谐和，前和后连接相随，这是恒久不变的规律。所以有道的人处事采取无为而治，实行潜移默化的教导。万物自然兴起而不加干涉，施泽万物而不自恃己能，功业成就而不居其功。正因圣人不居其功，所以功绩不会泯没。

安民 四十七

不上贤，使民不争[1]。不贵难得之货，使民不为盗。不见可欲[2]，使民不乱。是以圣人之治也，虚其心[3]，实其腹；弱其志[4]，强其骨。恒使民无知、无欲也[5]。使夫知不敢[6]，弗为而已[7]，则无不治矣。

[注释]

1 不争：指不争功名，返自然也。

2 可欲：足以引起贪欲的事物。

3 虚其心：使人的心灵虚静。

4 弱其志：削弱人的贪欲之志。

5 无知、无欲：没有伪诈的心智，没有争盗的欲念。

6 使夫知不敢：使那些虚伪的人不敢有为。

7 弗为而已：以无为的方式去为（做），即以顺任自然的态度去处理事务。

[译文]

不推崇贤明，使民众不起争心。不重视难得的财货，使民众不起盗心。不显耀足以引起贪心的事物，使民众不被迷惑。所以有道的人治理国家，要净化人的心灵，使人民生活安饱，弱化私欲，体魄强健。常使民众没有大伪和欲念，使一些自作聪明的人不敢妄为。如果实行无为的原则去处理事务，就没有治理不好的。

道用 四十八

道冲而用之，有弗盈也 [1]。潚呵，始万物之宗 [2]。锉其兑，解其纷，和其光，同其尘 [3]。湛呵 [4]，似或存。吾不知其谁之子也，象帝之先 [5]。

[注释]

1 道冲而用之，有弗盈也：天道空虚无形，作用却无穷无尽。

2 潚：通"渊"。呵：叹词。始：通"似"。

3 挫其兑，解其纷，和其光，同其尘：消磨它的锐利，消解它的纷争，调和隐蔽它的光芒，把自己混同于尘俗。四个"其"字，都是说道本身的属性。兑：通"锐"。

4 湛：深沉，隐没。

5 象帝之先：道似在天帝之前，此言道乃先天地生。

[译文]

道体是虚幻无形的，然而作用却没有穷尽。渊深啊！它好像是万物的祖宗。消磨它的锐利，消解它的纷争，调和隐蔽它的光芒，把自己混同于尘俗。幽隐啊！似亡而又好像永久存在。我不知道它是谁的后代，好像产生在天帝之前。

用中 四十九

天地不仁¹，以万物为刍狗²。圣人不仁³，以百省为刍狗⁴。天地之间，其犹橐籥与⁵？虚而不淈⁶，蹱而俞出⁷。多闻数穷⁸，不若守于中⁹。

[注释]

1 天地不仁：天地无私无欲，无所偏爱。

2 刍狗：用草扎成的狗，是古人祭祀的祭品。

3 圣人不仁：圣人无所偏爱。

4 省：通"姓"。百省：即百姓。

5 橐籥：风箱。以橐籥的功能比喻自然的功能，自然是生生不息的。

6 虚而不淈：空虚却不枯竭。淈：通"屈"，枯竭。

7 躘：通"动"。

8 多闻数穷：政令繁多，加速败亡。数：通"速"。

9 守于中：守道。中：无为之道。

[译文]

天地无私，没有偏爱，任凭万物自然生长。圣人无私，没有偏爱，任凭百姓自己发展。天地之间，难道不像个风箱吗？虽然空虚但无穷无尽，发动起来就会生生不息。政令繁多反而加速败亡，不如持守无为之道。

浴神 五十

浴神不死[1]，是胃玄牝[2]。玄牝之门，是胃天地之根。绵绵呵若存[3]，用之不堇[4]。

[注释]

1 浴：通"谷"，形容虚空。神：形容不测的变化。不死：不会消失，不会停竭。

2 牝：即生殖。"道"生殖天地万物，却没有一丝形迹可寻，所以用"玄"来形容。玄牝：玄妙母性，指天地万物总生产的地方。这里用以形容"道"具有无限造物的功能。

3 绵绵呵若存：绵延不绝。

4 不堇：不尽，不穷竭。堇：通"勤"。

[译文]

道的变化是永不停竭的，这就是天地微妙的母性。微妙的母性之门，是产生天地的根源。它连绵不绝而永远存在，作用无穷无尽。

无私 五十一

　　天长地久。天地之所以能长且久者，以其不自生也¹，故能长生²。是以圣人芮其身而身先³，外其身而身存。不以其无私舆⁴？故能成其私。

[注释]

　　1 以其不自生也：指天地不为自己而生。

　　2 长生：长久。

　　3 芮其身而身先：把自己的利益放在后面，反而能高居人上。芮：通"退"。

　　4 舆：通"与"。

[译文]

天长地久。天地所以能够长久，是因为它们不为自己，所以能够长久。所以有道的人能够先人后己，反而能赢得爱戴；把自己的生死置于度外，反而能保全生命。不正是由于他无私吗？反而能成就自己。

治水 五十二

上善治水¹。水善利万物而有静，居众之所恶，故几于道矣²。居善地，心善潚³，予善信⁴，正善治⁵，事善能，蹱善时⁶。夫唯不争，故无尤⁷。

[译文]

1 治：通"似"，若，好像。

2 几：近。

3 潚：通"渊"，深沉，沉静。

4 予善信：指和别人相交相接。予：通"与"。

5 正善治：为政善于完成良好的治绩。正：通"政"。

6 蹱：通"动"。

7 尤：怨咎。

[译文]

上善的人品德好像水一样。水善于滋润万物而不相争，停留在大家都不喜欢的地方，所以最接近于道。居处善于选择地方，心胸善于深沉虚静，与人相处善于诚实守信，为政善于科学处理，处事善于发挥才能，行动善于把握时机。只因为有不与人相争的美德，所以没有怨咎。

持盈 五十三

植而盈之¹，不若其已。掘而兑之²，不可长葆之³。金玉盈室，莫之守也。贵富而骄，自遗咎也。功述身芮⁴，天之道也⁵。

[注释]

1 植而盈之：形容所获名利很多。植：通"持"。

2 掘：通"揣"，锤击。兑：通"锐"。

3 葆：通"保"。

4 功述：事业成功。身芮：指隐退，敛藏锋芒。芮：通"退"。

5 天之道也：指自然规律。

[译文]

所获已经很多,不如适时停止。显露锋芒,不能长保安全。金玉满堂,无人可以守住。尊贵富有而骄横,自取祸患。功业完成,自行隐退,是合于自然的道理。

无不为 五十四

戴营袙抱一¹，能毋离乎？抟气至柔²，能婴儿乎³？修除玄蓝⁴，能毋疵乎？爱民栝国⁵，能毋以知乎？天门启阖⁶，能为雌乎⁷？明白四达，能毋以知乎？生之、畜之，生而弗有，长而弗宰也，是胃玄德。

[注释]

1 戴：通"载"，助语词。营：灵魂的居所，即人的肉体躯壳。袙：通"魄"，魂魄。抱一：合一。

2 抟气：集气。

3 能婴儿乎：能如同婴儿一样吗？

4 修：通"涤"，洗，扫除。玄：形容人心的深邃灵妙。蓝：通"览"，观察。玄蓝：观照内心深处。

5　栝：通"治"。

6　天门：喻感官，心灵或耳目口鼻。启阖：开启或关闭。

7　为雌：即守静的意思。

[译文]

　　精神和形体紧密结合，能不分离吗？集中精气以致柔顺，能到婴儿的状态吗？清除杂念而观照内心深处，能没有瑕疵吗？爱民治国，能自然无为吗？感官开合，能守静吗？通晓四方，能不用虚伪吗？产生万物、养育万物，让万物产生而不占为己有，助万物之生长而不主宰他们，这就叫"玄德"。

玄中 五十五

卅辐同一毂¹，当其无，有车之用也²。埏埴为器³，当其无，有埴器之用也。凿户牖⁴，当其无，有室之用也。故有之以为利⁵，无之以为用。

[注释]

1 卅：三十。辐：车轮中连接车毂和轮圈的木条。毂：车轮中心的圆孔，可以插轴。

2 当其无，有车之用：有了车毂中空的地方，车才能发挥作用。"无"指车的空虚部分，毂的中空之处。

3 埏埴为器：和陶土做成器皿。埏：通"挻"，以水和土。埴，土。

4 户牖：门窗。

5 有之以为利，无之以为用："有"可以提供便利，"无"可以发挥作用。

[译文]

三十根辐条共同连接在一个毂当中，有了车毂中空的地方，车才能发挥作用。揉合陶土做成陶器，有了陶器中空的地方，陶器才能发挥作用。开凿门窗建造房屋，有了门窗四壁中空的地方，房屋才能发挥作用。所以"有"可以给人们提供便利，"无"可以发挥它的作用。

为腹 五十六

　　五色使人目明¹，驰骋田猎使人心发狂²。难得之货使人之行方³，五味使人之口啪⁴，五音使人之耳聋⁵。是以圣人之治也，为腹不为目⁶，故去罢耳此⁷。

[注释]

　　1 五色：指青、赤、黄、白、黑，喻指各种颜色。明：通"盲"。目明：眼睛失明，喻眼花缭乱。

　　2 驰骋：骑马奔跑，喻纵情。田猎：打猎。心发狂：心任性放荡。

　　3 行方：伤害操行。方：通"妨"，害，伤。

　　4 五味：指酸、苦、甘、辛、咸，喻指各种味道。啪：通"爽"，差失。口啪：口病，喻味觉失灵。

5 五音：指宫、商、角、徵、羽，喻各种声音。耳聋：耳朵听不见，喻听觉不灵。

6 为腹不为目：只求安饱，不求纵情于声色之娱。

7 去罢耳此：摒弃奢侈生活，而持守节俭的生活。罢：通"彼"，指前者。此：指后者。耳：通"取"。

[译文]

缤纷的色彩使人眼花缭乱，纵情狩猎使人任性放荡，珍贵物品使人行为不轨，饮食奢侈使人食不知味，纷杂的音调使人听觉失灵。因此圣人治理民众，只求安饱而不逐声色之娱，所以摒弃后者而追求前者。

宠辱 五十七

人，宠辱若惊[1]，贵大梡若身[2]。何胃宠辱若惊？宠之为下，得之若惊，失之若惊，是胃宠辱若惊。何胃贵大梡若身？吾所以有大梡者，为吾有身也，及吾无身，有何梡[3]？故贵为身于为天下，若可以迁天下矣；爱以身为天下，汝可以寄天下[4]。

[注释]

1 宠辱若惊：得宠和受辱都使人惊慌。

2 贵大梡若身：担心大忧患像担心自己的身体一样。梡：通“患”。

3 吾所以有大梡者，为吾有身也，及吾无身，有何梡：这是说大患是来自身体，所以防大患应先珍贵身体。

4 贵为身于为天下，若可以远天下矣；爱以身为天下，汝可以寄天下：以珍贵身体的精神去治理天下，才可以把天下寄托给他；以爱惜身体的精神去治理天下，才可以把天下托付给他。远：通"讬"。汝：通"若"。

[译文]

人受宠和受辱都感到惊慌，重视身体如同重视大患一样。什么叫作受宠和受辱都感到惊慌？受宠为下贱，得到恩宠感到吃惊，失去恩宠也觉得吃惊，这就叫作受宠和受辱都感到惊慌。什么叫作重视大患如同身体？我们之所以有大患，是因为我们有身体，如果没有身体，我们会有什么大患呢？所以能够以珍贵身体的态度去治理天下，才可以把天下寄托给他；以爱惜身体的态度去治理天下，才可以把天下委托给他。

道纪 五十八

视之而弗见，名之曰䁈；听之而弗闻，名之曰希；捪之而弗得，名之曰夷[1]。三者不可至计[2]，故困而为一[3]。一者，其上不攸[4]，其下不忽[5]。寻寻呵[6]！不可名也，复归于无物[7]。是胃无状之状，无物之象，是胃忽望[8]。随而不见其后，迎而不见其首。执今之道，以御今之有[9]。以知古始[10]，是胃道纪[11]。

[注释]

1 䁈：通"微"。希：无声。夷：消失。这三个名词都是用来形容感官无法捕捉的"道"。

2 计：通"诘"。至计：彻底地追究。

3 困：通"混"。

4 佼：通"皦"，光明。

5 忽：通"昧"，阴暗。

6 寻寻呵：即"绳绳呵"，形容连续不绝。

7 复归于无物：又回到无名的状态。"无物"不是一无所有，而是不具任何形象的实存体。"无"是说，我们的感官无法察觉道，所以用"无"来形容其不可见。

8 望：通"恍"。忽望：惚恍，模糊不清，闪烁不定。

9 有：指具体的事物。

10 古始：本始，根本。

11 道纪："道"的规律。

[译文]

看不见它的颜色，名叫"微"；听不到它的声音，名叫"希"；摸不到它的形体，名叫"夷"。这三者的形象无从追问，因为它原本就是合而为一。一体的道，它的上面不显得明亮，它的下面也不显得暗昧。它绵绵不绝而不可名状，最后又回到无形无象的本体。这是没有形状的形状，不见物体的形象，叫它做"惚恍（若有若无）"。跟着它，看不见它的尾；迎着它，看不见它的头。掌握现在的道，来驾驭现在的万物。能够了解宇宙的本原，这就叫作"道"的规律。

不盈 五十九

　　古之善为道者，微眇玄达[1]，深不可志。夫唯不可志，故强为之容。曰：与呵其若冬涉水[2]；犹呵其若畏四邻[3]；俨呵其若客[4]；涣呵其若淩泽[5]；沌呵其若朴；湷呵其若浊[6]；旷呵其若浴。浊而情之余清[7]？女以重之余生[8]。葆此道不欲盈[9]。夫唯不欲盈，是以能敝而不成。

[注释]

1 眇：通"妙"。

2 与：通"豫"，形容小心谨慎。若冬涉水：冬天踩薄冰过河，形容小心翼翼。

3 若畏四邻：形容不敢妄动。

4 俨呵：形容端谨庄严。

5 凌泽：冰雪消融。凌：通"凌"，冰。泽：通"释"，消融。

6 湷：通"浑"，天然浑朴。

7 浊而情之余清：谁能使流动的浊水静下来而慢慢澄清？情：通"静"。余：通"徐"。

8 女以重之余生：谁能使安静的状态运动起来而慢慢显出生机？女：通"安"。重：通"动"。

9 盈：呈现，显露。

[译文]

古时善于行道的人，精妙通达，高深莫测而难以认识。正因为深不可识，所以勉强来形容他：小心谨慎啊，像冬天踩薄冰过河；警觉戒惕啊，像提防邻国的进攻；拘谨严肃啊，像彬彬有礼的宾客；融和可亲啊，像缓慢消融的冰雪；淳厚朴质啊，像未经雕琢的素材;浑朴纯厚啊，像浑浊不清的浊水；旷达开阔啊，像深山的幽谷。谁能使流动的浊水静下来而慢慢澄清？谁能使安静的状态运动起来而慢慢显出生机？坚守这些道理的人不肯自满。只因他不自满，所以宁可破败也不图成。

归根 六十

至虚，极也[1]，守情，表也[2]。万物旁作[3]，吾以观其复也[4]。天物云云[5]，各复归于其根曰静[6]，静是胃复命[7]。复命，常也[8]。知常，明也[9]。不知常，吊吊作凶[10]。知常容[11]，容乃公，公乃王，王乃天[12]，天乃道，道乃久，沕身不殆。

[注释]

1 至虚：清静无为。至：通"致"，致使，达到。极：极度，顶点。

2 情：通"静"，清静。表：通"笃"，甚，厚。

3 旁：普遍，繁荣滋长。作：生长。

4 复：返，往复循环，此指循环规律。

5 云云：同"芸芸"，繁多，形容草木的繁盛。

6 归于其根：回归自己的本根。

7 复命：复归本原，恢复本性。

8 常：指万物变化的自然规律。

9 明：万物的运动和变化都依循着循环往复的律则，对于这种律则的认识和了解，叫做"明"。

10 帚：通"妄"，妄为。

11 容：宽容，包容。

12 天：自然的代称。

[译文]

致虚和守静的工夫，做到极笃的境地。万物蓬勃生长，我从中看出万物循环运行的道理。万物虽然品种繁多，各自返回它的本根，返回本根叫做静，静叫做回归本原。回归本原是自然规律。认识自然规律叫做明。不认识自然规律，轻举妄动就必有祸患。认识自然规律的人无所不包，无所不包容就能天下大公，天下大公才能无不周遍，无不周遍才能符合自然，符合自然才能符合于道，体道而行才能长治久安，终身无灾无祸免于危殆。

知有 六十一

大上 [1]，下知有之 [2]；其次亲誉之；其次畏之；其下母之 [3]。信不足，案有不信 [4]。犹呵 [5]！其贵言也 [6]。成功遂事，而百省胃我自然 [7]。

[注释]

1 大上：最上。指最好的君王。大：通"太"。

2 下知有之：人民只是知道存在这样一位君王。

3 母：通"侮"，轻侮。

4 案：连词，于是，就。

5 犹：通"悠"。犹呵：悠闲的样子。

6 贵言：不言。形容很少发号施令。

7 省：通"姓"。

[译文]

最好的统治者，人民只是知道他的存在；其次的君王，人民亲近他而赞美他；再次一等的君王，人民畏惧他；最差的君王，人民轻侮他。统治者的诚信不足，于是人民不信任他。最好的统治者悠然而不轻易发号施令。事情圆满成功后，百姓说"我们本来就是这样的"。

四有 六十二

故大道废，案有仁义[1]；知快出[2]，案有大伪；六亲不和[3]，案有畜慈[4]；邦家闿乱[5]，案有贞臣。

[注释]

1 案：连词，于是，才。

2 知：通"智"。快：通"慧"。

3 六亲：父、母、兄、弟、妻、子。

4 畜：通"孝"。

5 闿：通"昏"。

[译文]

所以大道废弛，于是仁义显现；智慧出现，才有严重的虚伪不实；家庭不和，于是孝慈才彰显；国家混乱，于是才有忠臣。

朴素 六十三

绝圣弃智，民利百负；绝仁弃义，民复畜慈[1]；绝巧弃利，盗贼无有。此三言也[2]，以为文未足[3]，故令之有所属[4]：见素抱朴[5]，少私而寡欲，绝学无忧[6]。

[注释]

1 畜：通"孝"。

2 此三言：指绝圣弃智、绝仁弃义、绝巧弃利。

3 文：文饰，浮文。

4 属：归属，依从。

5 见素抱朴："素"是没有染色的丝，形容质朴；"朴"是没有雕琢的木，形容淳朴。

6 绝学无忧：抛弃异化之学就会寡欲。

[译文]

抛弃聪明智巧，人民可以得到百倍的好处；杜绝仁慈，抛弃道义，人民可以恢复孝慈的天性；抛弃巧诈和货利，就不会再出现盗贼。"圣智""仁义""巧利"这三者全是巧饰，作为治理天下是不够的。所以要使人们的思想认识有所归属：保持朴质的本性，减少私欲杂念，抛弃圣智礼法的浮文，抛弃异化之学无搅扰。

食母 六十四

唯与诃[1]，其相去几何？美与恶，其相去何若？人之所畏，亦不可以不畏人[2]。望呵！其未央哉[3]！众人熙熙[4]，若乡于大牢[5]，而春登台[6]。我泊焉未兆，若婴儿未咳[7]。累呵！似无所归。众人皆有余，我独遗[8]。我愚人之心也[9]。沌沌呵[10]！鬻人昭昭[11]，我独若闿呵[12]！鬻人蔡蔡[13]，我独闷闷呵[14]！忽呵！其若海；望呵！其若无所止。众人皆有以，我独顽以悝[15]。吾欲独异于人，而贵食母[16]。

[注释]

1 唯：恭敬应答，晚辈回应长辈。诃：大声呵斥，长辈回应晚辈的声音。

2　人之所畏，亦不可以不畏人：人民所畏惧的是人君，人君也不可以不畏惧人民。

3　望呵！其未央哉：精神包含广远而没有边际。望：远。未央：未尽，未完。

4　巸巸：同"熙熙"，欢乐，兴高采烈。

5　乡：通"享"，享用。大牢：即太牢，古时祭祀，牛、羊、猪三牲全备为太牢。

6　而春登台：好像春天登台观察。

7　孩：与"咳"同，婴儿的笑。

8　遗：通"匮"，不足之意。

9　禺：通"愚"。

10　惷惷：同"沌沌"，昏昧无知的样子。

11　鬻：通"俗"，"鬻人"即俗人。昭昭：明亮。

12　閧：通"昏"，糊里糊涂的样子。

13　蔡蔡：同"察察"，形容严苛。

14　閔閔：同"闷闷"，淳厚宽容的样子。

15　顽以悝：形容愚陋，笨拙。悝：通"俚"，粗鄙。

16　贵食母：以守道为贵。"母"，指道。"食母"，如同婴儿求食于母，指守道。

[译文]

恭敬应诺和大声呵斥，相差多少？美好和丑恶相差多少？人民所畏惧的是人君，人君也不可以不畏惧人民。精神领域开阔啊，好像没有尽头的样子！众人都兴高采烈，好像参加盛大的筵席，又像春天登台眺望美景。唯独我淡泊宁静啊，没有形迹，好像婴儿不会发出嬉笑声。落落不群啊，好像没有归宿。众人都有富余，唯独我好像不足。我真是愚人的心肠啊。浑浑沌沌啊！世人都明明白白，唯独我暗暗昧昧。世人都精明灵巧，唯独我淳厚宽容。沉静的样子，好像深沉的大海！飘逸的样子，好像没有止境！众人都有所作为，唯独我愚顽而拙讷。我和世人不同的原因，是因为以"道"为贵。

从道 六十五

孔德之容[1]，唯道是从。道之物，唯望唯忽[2]。忽呵！望呵！中有象呵！望呵！忽呵！中有物呵！潫呵[3]！鸣呵[4]！中有请吔[5]！其请甚真[6]，其中有信[7]。自今及古，其名不去，以顺众伎[8]。吾何以知众伎之然？以此[9]。

[注释]

1 孔：甚，大。德："道"的显现与作用。容：相貌，仪表，样态。

2 望：通"恍"。唯望唯忽：恍惚，动静不定，若有若无。

3 潫：通"幽"，深远。

4 鸣：通"冥"，暗昧。

5 请：通"精"，精气，元气。

6 其请甚真：这最微小的原质是很真实的。

7 信：信验，信实。

8 佹：通"甫"，本始。

9 此：指道。

[译文]

　　大德的样态，由道决定。道这个东西，若有若无，微妙难测。那样的惚惚恍恍，其中却有象呈现；那样的恍恍惚惚，其中却有实物；那样的深远暗昧，其中却有精质；那样的精质非常纯真，也是可信验的。从当今上溯到古代，它的名字永远不能废除，依据它才能观察万物的本始。我怎么才能知道万物开始的情况呢？依据"道"。

弗居 六十六

炊者不立[1]，自视不彰。自见者不明，自伐者无功，自矜者不长。其在道也，曰粽食赘行[2]，物或恶之。故有欲者弗居[3]。

[注释]

1 炊：通"企"，踮起脚跟，以示高也。

2 粽食赘行：剩饭赘瘤。粽：通"馀"。赘：多余。行：通"形"。

3 欲：通"裕"，道。

[译文]

踮起脚跟，是站不牢的；自以为是的，反而不得彰显；

自逞己见的，反而不得自明；自己夸耀的，反而不得见功；自我矜恃的，反而不得长久。从道的观点来看，这些急躁炫耀的行为，可说都是剩饭赘瘤，惹人厌恶。所以有道的人不这样做。

执一 六十七

曲则金[1]，枉则定[2]，洼则盈，敝则新，少则得，多则惑。是以圣人执一以为天下牧[3]。不自视故明[4]；不自见故彰[5]；不自伐故有功，弗矜故能长[6]。夫唯不争，故莫能与之争。古之所胃曲则金者，几语才[7]！诚金归之。

[注释]

1 金：疑误，当作"全"。

2 枉：弯曲。定：正。

3 执一：抱定一种信念，意为坚守上面这一原则。牧：治理。

4 明：显明，扬名。

5 自见："见"通"现"，自显于众。

6 长：长久。

7 几：通"岂"。才：通"哉"。几语才：难道会是空话吗？

[译文]

委曲反而可以保全，屈就反而可以伸展，低洼反而可以充盈，破旧反而可以生新，少取反而可以多得，贪多反而迷惑。所以有道的人坚守这一原则来治理天下。不自我表现，反而更扬名；不自以为是，反而更彰显；不自己夸耀，反而更有功；不自我矜持，反而更长久。正因为不与人相争，所以没有人和他争。古人所说的"委曲求全"等话，怎么会是空话呢！它是实实在在能够达到的。

同道 六十八

希言自然[1]。飘风不终朝[2]，暴雨不终日。孰为此？天地而弗能久，又况于人乎？故从事而道者同于道，德者同于德，失者同于失[3]。同于德者，道亦德之；同于失者，道亦失之[4]。

[注释]

1 希言：不言，贵言。

2 飘风：强风。喻指苛令。

3 失者：指失道、失德的人。

4 同于德者，道亦德之；同于失者，道亦失之：符合道的人，道会给他恩惠；符合失的人，道也会抛弃他。

[译文]

少发政令是符合自然的。所以再大的风刮不到一早晨，再大的雨下不了一整天。谁兴起这狂风暴雨的？天地兴风起雨都不能持久，何况人呢？所以从事于道的人，就合于道；从事于德的人，就合于德；失道失德的人，就会丧失所有。符合道的人，道会对他加以恩惠；符合失的人，道也会抛弃他。

昆成 六十九

　　有物昆成[1]，先天地生。绣呵[2]！缪呵[3]！独立而不亥[4]，可以为天地母。吾未知其名，字之曰道。吾强为之名曰大[5]。大曰筮[6]，筮曰远，远曰反。道大，天大，地大，王亦大。国中有四大[7]，而王居一焉。人法地，地法天，天法道，道法自然。

[注释]

1 昆：通"混"。

2 绣：通"寂"，无声。

3 缪："寥"，无形。

4 亥：通"改"，变化。独立而不亥：独立存在而不改变。

5 大：形容道没有边际，无所不包。

6 筮：通"逝"，指道周行不息。

7 国中：宇宙之中。

[译文]

　　有一个东西浑然而成，在天地形成以前就存在。听不见它的声音也看不着它的形体，它独立长存而永不停息，可以为万物的根本。我不知道它的名字，勉强把它称作"道"。再勉强给它起个名字叫做"大"。它广大无边而运行不息，运行不息而伸展遥远，伸展遥远而返回本原。所以说：道大，天大，地大，王也大。宇宙间有四大，而王只不过是其中之一。人效法地，地效法天，天效法道，道的本性就是自然。

甾重 七十

　　重为圣根[1]，清为趮君[2]。是以君子众日行[3]，不离其甾重[4]，唯有环官，燕处则昭[5]。若若何万乘之王[6]，而以身圣于天下[7]？圣则失本，趮则失君。

　　[注释]

　　1 圣：通"轻"。

　　2 清：通"静"。趮：古同"躁"。

　　3 众：通"终"。

　　4 甾：通"辎"。

　　5 燕处：置身安静。

　　6 万乘之王：指大国的君主。"万乘"指拥有兵车万辆的大国。王：通"主"。

7 以身圣天下：治天下而轻视自己的生命。

[**译文**]

厚重是轻率的根本，沉静是躁动的主宰。因此君子终日行走不离开载重的车辆，虽然有荣华富贵的生活，却置身安静。为什么有万乘之车的大国君主，还轻率躁动以治天下呢？轻率就会失去根本，躁动就会失去主导。

恻明 七十一

善行者无彻迹 [1];善言者无瑕适 [2];善数者不用梼箅 [3];善闭者无關籥而不可启也 [4];善结者无缥约而不可解也 [5]。是以圣人恒善悖人 [6],而无弃人,物无弃财,是胃恻明 [7]。故善人,善人之师;不善人,善人之赍也。不贵其师,不爱其赍,唯知乎大眛 [8],是胃眇要 [9]。

[注释]

1 彻:通"辙","辙迹"即痕迹。

2 善言:善于说话的人。适:通"谪","瑕谪"即过失,缺点,毛病。

3 数:计算。梼箅:即"筹策",古时候计数的器具。

4 關:通"关"。

5 缧约：绳索。

6 怵：通"救"。

7 恨：通"袭"，沿袭，有遵循、掩藏的意思。恨明：含藏着"明"。

8 眯：通"迷"。

9 眇要：精深微妙。眇：通"妙"。

[译文]

善于行走的，不留痕迹；善于言谈的，没有过失；善于计算的，不用筹策；善于关闭的，不用栓梢却使人不能开；善于捆缚的，不用绳索却使人不能解。因此，有道的人总是善于做到人尽其才，所以不会有无用的人；总是善于做到物尽其用，所以不会有无用之物；这就叫做内藏着的聪明智慧。所以善人可以作为不善人的老师，不善人可以作为善人的借鉴。不尊重善人的指导，不珍惜不善人的借鉴，虽然自以为聪明，其实是大糊涂。这真是个精要深奥的道理。

恒德 七十二

知其雄，守其雌[1]，为天下溪。为天下溪，恒德不离。恒德不离，复归婴儿。知其白[2]，守其辱，为天下浴[3]。为天下浴，恒德乃足。恒德乃足，复归于楃[4]。知其白，守其黑，为天下式。为天下式，恒德不二。恒德不二，复归于无极。楃散则为器，圣人用则为官长[5]，夫大制无割[6]。

[注释]

1 知其雄，守其雌："雄"譬喻刚劲、躁进。"雌"譬喻柔静、谦下。

2 白：荣耀，尊荣。

3 浴：通"谷"。

4 楃：通"朴"，形容自然淳朴。

5 官长：百官之长，指君主。

6 大制无割：完善的政治是不割裂的。

[译文]

知道什么是雄强，却安于雌柔，甘愿做天下的溪涧。甘愿做天下的溪涧，常德就不会流失，而回复到婴儿般纯真柔合的状态。深知什么是荣耀，却安守卑辱的地位，甘愿做天下的川谷。甘愿做天下的川谷，永恒的德性才得以充足。永恒的德性充足，才能回复到自然本初的素朴纯真状态。深知什么是明亮，却安于暗昧的地位，却甘愿做天下的范式。甘愿做天下的范式，永恒的德行才会不相差失。永恒的德行不相差失，才能恢复到不可穷极的真理。真朴的道分散成万物，有道的人沿用真朴，则为百官的首长。所以完善的政治是不割裂的。

自然 七十三

　　将欲取天下而为之¹，吾见其弗得已²。天下神器也³，非可为者也。为者败之，执者失之。物或行或随，或炅或吹⁴，或强或砣⁵，或坯或椭⁶。是以圣人去甚，去大，去楮⁷。

[注释]

1 取：得到，治理。为：指"有为"。

2 弗得已：不能实现，不得天道人心。

3 神器：神圣的器物。

4 炅：通"热"。吹：吹气使冷却，与"热"相对。

5 砣：击石至碎，引申为脆弱。

6 坯：通"培"。椭：通"堕"。

7 大：通"泰"，极大。楮：通"奢"。

[译文]

想要治理天下却用强制的办法，我看他是不能达到目的了。"天下"是神圣的东西，不能采取强制的办法，不能加以把持。采取强制的办法的，一定会失败；加以把持的，一定会失去。世人有的行前，有的随后；有的性缓，有的性急；有的强健，有的赢弱；有的自爱，有的自毁。所以圣人要去除过度的、极端的、奢侈的措施。

不强 七十四

以道佐人主，不以兵强于天下，其事好还¹。师之所居，楚棘生之。善者果而已矣²，毋以取强焉。果而毋骄³，果而勿矜，果而勿伐，果而毋得已居，是胃果而不强。物壮而老⁴，是胃之不道⁵，不道蚤已⁶。

[注释]

1 其事好还：动用武力会遭到报应。

2 果：效果，指取胜，胜利。

3 骄：通 "骄"。

4 壮：王弼注："壮：武力兴暴。"

5 不道：不合于道。

6 蚤已：早死，早亡。蚤：通 "早"。

[译文]

用道辅助君主的人，不靠兵力来称霸天下，穷兵黩武一定会得到报应。军队所到的地方，荆棘横生。善用兵的只求达到救济危难的目的就是了，不借用兵力来耀武扬威。即使达到目的也不骄傲，即使达到目的也不自大，即使达到目的也不夸耀，即使达到目的也出于不得已，这就叫做达到目的却不逞强。凡是气势壮盛的就会走向衰亡，这就说明它不合于道，不合于道很快就会消逝。

贵左 七十五

　　夫兵者，不祥之器也。物或恶之，故有欲者弗居[1]。君子居则贵左，用兵则贵右[2]。故兵者非君子之器也。兵者不祥之器也，不得已而用之，铦庞为上[3]。勿美也，若美之，是乐杀人也。夫乐杀人不可以得志于天下矣。是以吉事尚左，丧事尚右。是以便将军居左[4]，上将军居右，言以丧礼居之也。杀人众，以悲依立之[5]；战胜，以丧礼处之。

[注释]

1 欲：通"裕"，道。

2 古人认为左阳右阴，阳生而阴杀。后文所谓"贵左""贵右""尚左""尚右""居左""居右"都是古时候的礼仪。

3 铦庞：即"恬淡"，淡泊清静。

4 便：通"偏"。

5 依：通"哀"。立：通"莅"，对待。

[译文]

兵革是不祥的东西。大家都厌恶它，所以有道的人不使用它来解决问题。君子平时以左方为贵，打仗时以右方为贵。所以兵革不是君子所使用的东西。兵革是不祥的东西，不到迫不得已而使用它，最好要淡然处之。即使胜利了也不要得意洋洋，如果自以为了不起，就是把打仗杀人当成乐事。喜欢杀人的，就不能得志于天下。所以吉庆的事情以左方为上，凶丧的事情以右方为上。所以偏将军在左边，上将军在右边，这是说出兵打仗要以丧礼的仪式来处理。杀人众多，应该以哀痛的心情去对待；打了胜仗，要用丧礼的仪式去对待死去的人。

知止 七十六

道恒无名，楃唯小[1]，而天下弗敢臣。侯王若能守之，万物将自宾[2]。天地相合，以俞甘洛[3]，民莫之令而自均焉[4]。始制有名[5]，名亦既有，夫亦将知止[6]，知止可以不殆。俾道之在天下也[7]，犹小浴之与江海也[8]。

[注释]

1 楃：通"朴"。唯：通"虽"。小：形容"道"隐而不可见。

2 自宾：自将宾服于"道"。

3 甘洛：甘露。洛：通"露"。

4 民莫之令而自均焉：人们无需指使命令，而"道"自然就能分布均匀。

5 始制有名：万物兴作，于是产生了各种名称。

6 知止：知道行事的限度。"止"，适可而止。

7 俾：通"譬"，比方，譬如。

8 浴：通"谷"，此指河流。

[译文]

道永远是无名而朴质的状态，虽然隐晦不可见，天下却没有人能使它臣服。侯王如果能守住它，万物将会自然归从于他。天地间"阴阳之气"相合，就降下润泽万物的甘露，人们不须指使它，它就能自然分布均匀。万物兴作，于是产生了各种名称，各种名称已经制定了，就要有所限度，知道有所限度，就可以避免危险。道存在于天下，就像江海，一切小河都归流于它。

尽己 七十七

知人者，智也；自知者，明也。胜人者，有力也；自胜者，强也[1]。知足者，富也；强行者[2]，有志也。不失其所者，久也；死不妄者，寿也。

[注释]

1 强：含有果决的意思。

2 强行：勤奋，自强不息。

[译文]

能够了解、认识别人的人是智慧的，能够了解自己的才算明。能够战胜别人的人是有力的，能够克服自己的才算强大果决。知道满足的人是富有的，努力不懈的人是有志的。不离失根基的人能够长久，肉体死了而精神不朽的人才是长寿的。

成大 七十八

道汎呵[1]！其可左右也。成功遂事，而弗名有也；万物归焉而弗为主。则恒无欲也[2]，可名于小；万物归焉而弗为主，可名于大。是以圣人之能成大也，以其不为大也，故能成其大。

[注释]

1 汎：通"泛"。

2 无欲：指道不主宰万物。

[译文]

大道广博无迹，无所不到。有所成就而不自以为有功；万物归附于道而道不自以为主宰。一直无欲无求，可以称它为"小";万物向它归附而不自以为主宰,可以称它为"大"。正因为它不自以为伟大,所以才能成就其伟大。

大象 七十九

执大象[1]，天下往。往而不害，安平太[2]。乐与饵[3]，过格止[4]。故道之出言也，曰：谈呵[5]！其无味也。视之不足见也，听之不足闻也，用之不可既也[6]。

[注释]

1 大象：即"无象之道"，大道。

2 安：乃，于是。太：泰，安、宁的意思。

3 乐与饵：音乐和美食。

4 过格止：使过路的人停步。格：通"客"。

5 谈：通"淡"。

6 既：穷尽，完的意思。

[译文]

执守大"道"，天下人就会归顺。归顺而不互相伤害，于是大家都和平安宁。音乐和美食，能使过路的人停下脚步。而对"道"的表述，却淡得没有味道。想看看它却看不见，想听听它却听不着，但它的作用却无穷无尽。

微明 八十

　　将欲拾之[1]，必古张之[2]；将欲弱之，必古强之；将欲去之，必古与之[3]；将欲夺之，必古予之。是胃微明[4]。友弱胜强[5]。鱼不可脱于渊，邦利器不可以示人[6]。

[注释]

1 拾：通"翕"，收敛，收缩。

2 古：通"固"，姑且，暂且。

3 与：通"举"。

4 微明：微妙的道理。

5 友：通"柔"。

6 邦利器：国家的权势。一说指圣智仁义巧利。

[译文]

将要使它收合的，必先要使它张开；将要使它弱小的，必先要使它强大；将要使它废弃的，必先要兴举它；将要夺去的，必先要给予。这就是先机的征兆。柔弱胜过刚强。鱼不能离开深渊，国家的利器不可以随便耀示于人。

无名 八十一

道恒无名。侯王若守之，万物将自愙[1]。愙而欲作，吾将阗之以无名之楎[2]。阗之以无名之楎，夫将不辱[3]。不辱以情[4]，天地将自正。

[注释]

1 愙：同"化"。自愙：即"自化"，自我化育。

2 阗：通"贞"，正、安之意。楎：通"朴"。

3 辱：通"欲"，指贪欲。

4 情：通"静"。

[译文]

道永远是没有具体形象的。侯王如果能遵循道的原则，万物就会按自身的规律自生自长。当它自生自长而至产生贪欲时，我就用道的真朴来安定它。用道的真朴来安定它，就不会起贪欲了。没有贪欲自然就趋于清静，天下便自然而然复归于安定。

《德道经》缮写

疒字

病

術

巫

太
令
各字

德经

論德　一

上德不德是以有德下德不失德是以無德上德
無為而無以為也上仁為之而無以為也上義為之而有
以為也上禮為之而莫之應也則攘臂而乃之故失道而
後德失德而後仁失仁而後義失義而後禮夫禮者忠
信之泊也而亂之首也前識者道之華也而愚之首也
是以大夫居其厚而不居其泊居其實而不
居其華故去皮取此

德一　第二章

得一
二

昔之得一者天得一以清地得一以寧神得一以

靈浴得一以盈侯王得一以為天下正其至之也胃天毋

已清將恐蓮胃地毋已寧將恐發胃神毋已靈將

恐歇胃浴毋已盈將恐竭胃侯王毋已貴以高將恐蹶

故必貴而以賤為本必高矣而以下為基夫是以侯

王自胃孤寡不㝅此其賤之本與非也故致

數與無與是故不欲祿祿若玉硌硌若石

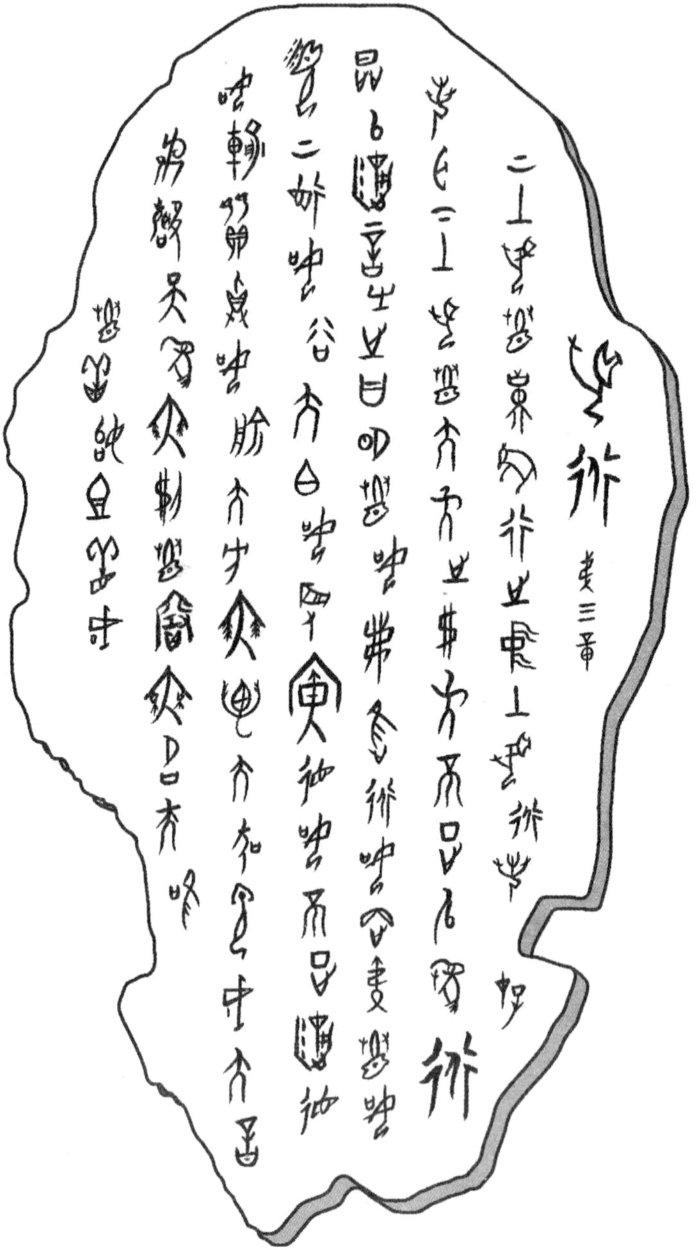

闻道　三

上士闻道堇能行之中士闻道若存若亡下士
闻道大笑之弗笑不足以为道是以建言有之曰明道
如费进道如退夷道如类上德如浴大白如辱广德
如不足建德如输质真如渝大方无隅大器免成
大音希声天象无刑道隐无名夫唯道善始且
善成

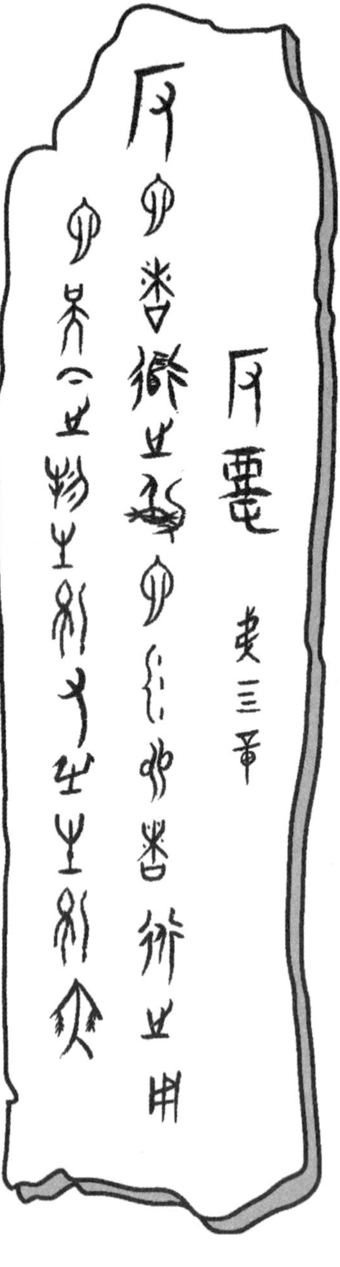

反復　四

反也者道之動也弱也者道之用也天下之物生於有有生於無

中和　五

道生一一生二二生三三生萬物萬物負陰而抱陽中氣以為和天下之所惡唯孤寡不穀而王公以自名也勿或損之而益或益之而損觀殷死議而教人故强良者不得死我将以為學父

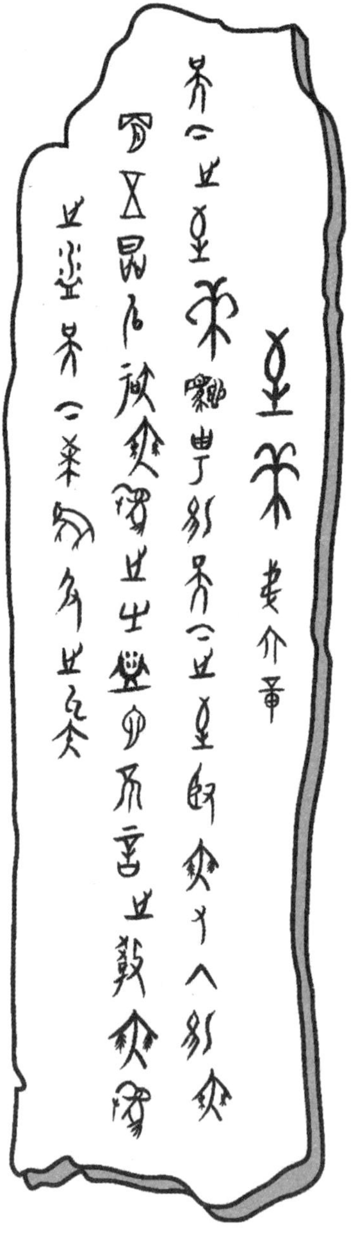

至柔 六

天下之至柔驰骋於天下之致堅無有

入於無間五是以知無為之有益也不言之

教無為之益天下希能及之矣

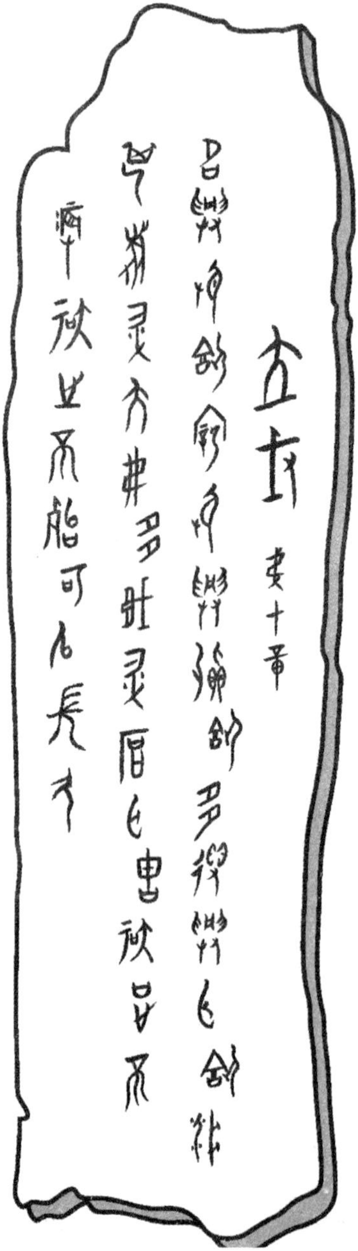

立戒七

名與身孰親身與貨孰多得與亡

孰病甚愛必大費多藏必厚亡故知足不

辱知止不殆可以長久

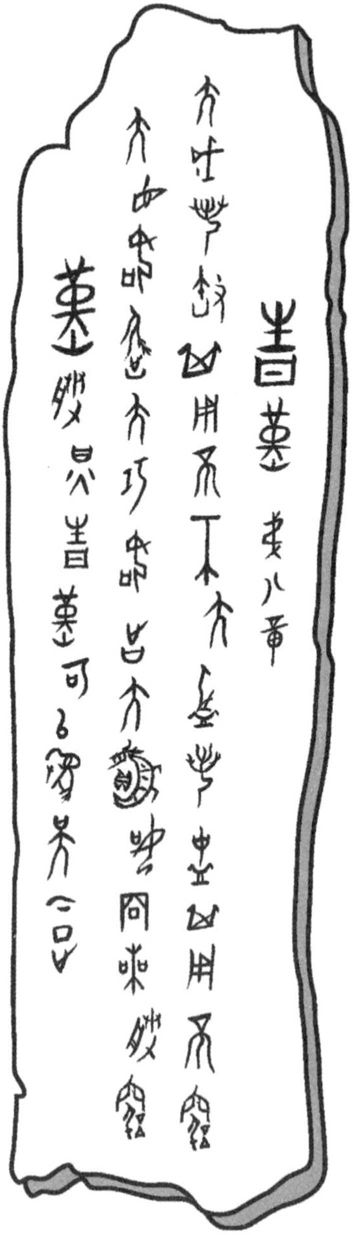

請靓 八

大成若缺其用不弊大盈若溫其
用不窮大直如詘大巧如拙大贏如炳
趯勝寒靓勝炅請靓可以為天下正

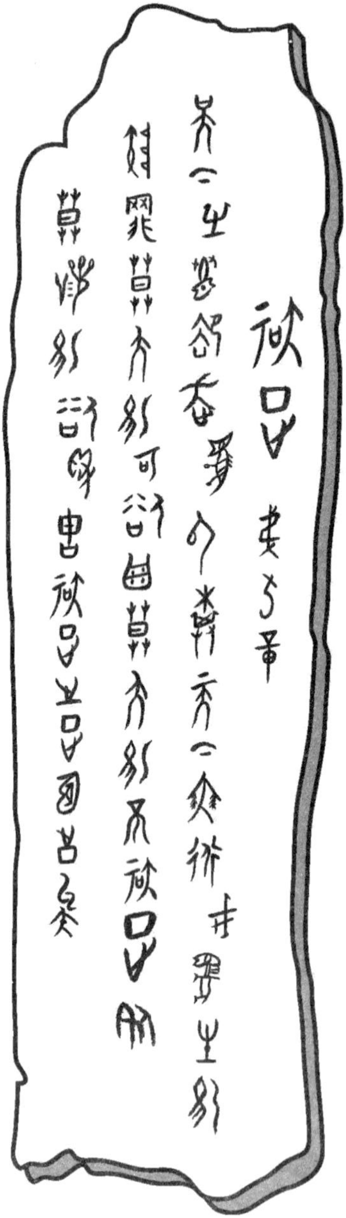

知足九

天下有道卻走馬以糞天下無道戎
馬生於郊罪莫大於可欲禍莫大於不
知足咎莫憯於欲得故知足之足恆
足矣

德一章

知天下 十

不出於户以知天下不规於牖以知

天道其出也弥远其知也弥少是以聖人

不行而知不见而名弗為而成

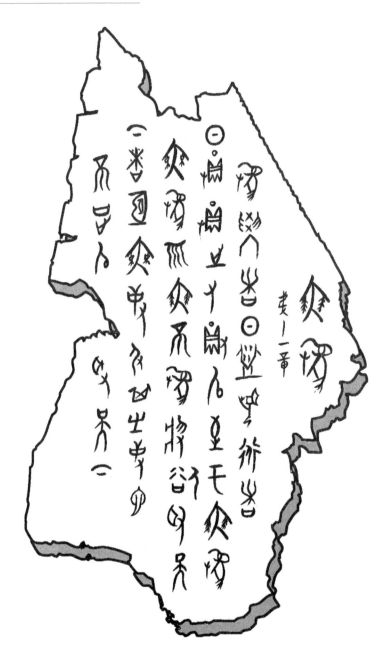

無為 十一

為學者日益聞道者日損損之又損

以至於無為無為而無不為將欲取天下者

恆無事及其有事也不足以取天下

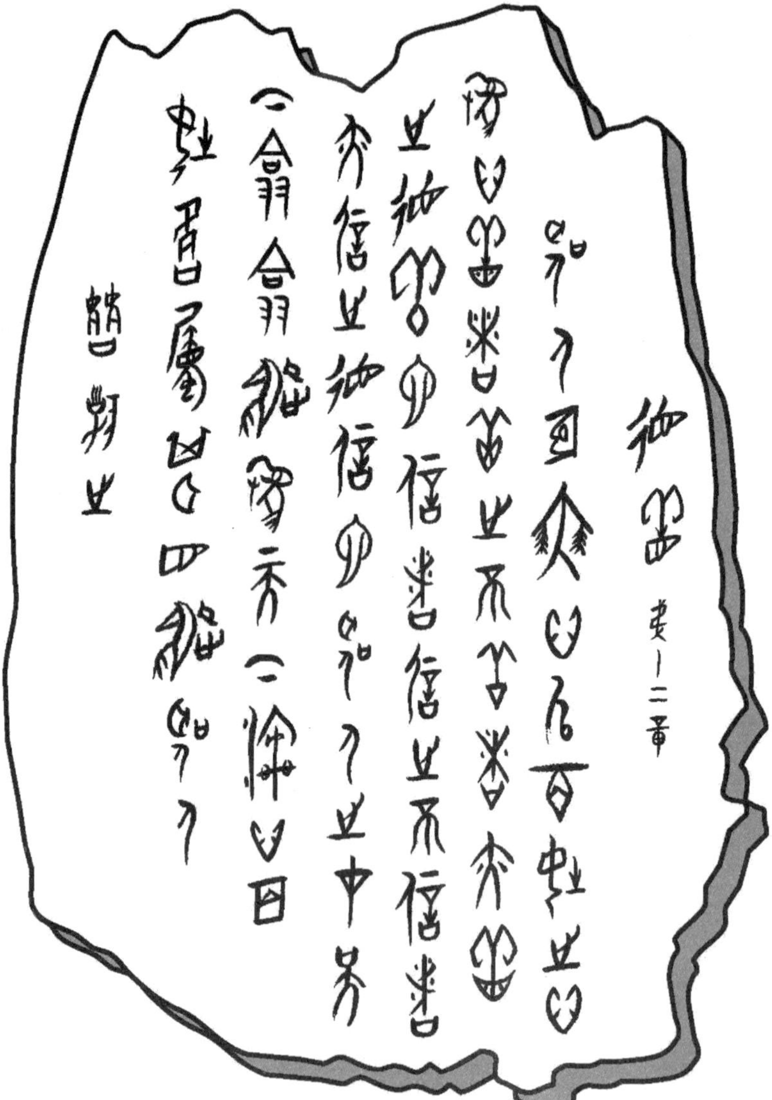

德善 十二

聖人恆無心以百姓之心為心善者善
之不善者亦善之德善也信者信之不信
者亦信之德信也聖人之在天下愉愉焉
為天下渾心百姓皆屬其耳目焉聖人
皆咳之

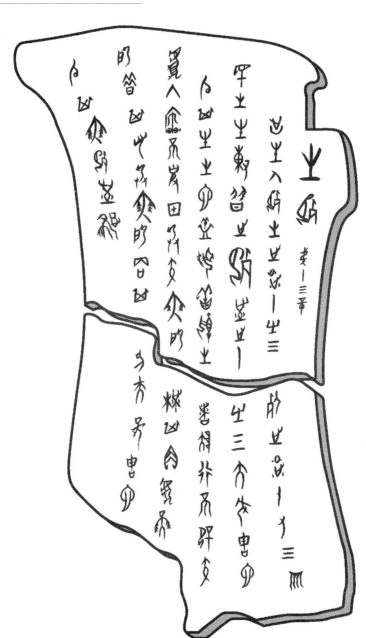

生死　十三

出生入死生之徒十有三死之徒十有三而民生生動皆之死地之十有三夫何故也以其生生也蓋聞善執生者陵行不辟矢虎入軍不被甲兵矢無所揣其角虎無所昔其蚤兵無所容其刃夫何故也以其無死地焉

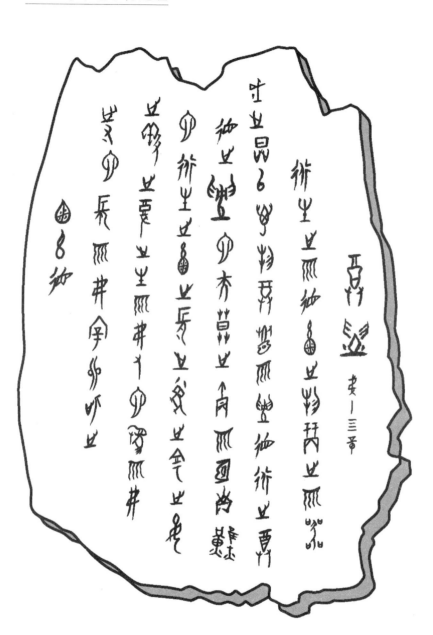

尊贵　十四

道生之而德畜之物形之而器成之是以万

物尊道而贵德道之尊德之贵也夫莫之爵

而恒自然也道生之畜之长之遂之亭之毒之

养之覆之生而弗有也为而弗寺也长而弗

宰也此之胃玄德

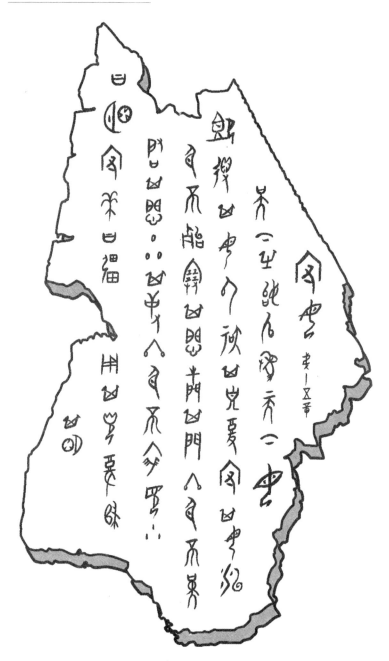

守母 十五

天下有始以為天下母既得其母以知其子復守其母没身不殆塞其悶閉其門終身不堇啟其悶濟其事終身不救見小曰明守桑曰強用其光復歸其明

盗桍　十六

毋道身殃是胃襲常使我挈有知也

行於大道唯施是畏大道甚夷民甚好

解朝甚除田甚蕪倉甚虛服文采帶利

劍厭食而齎財有餘是胃盗桍盗桍

非道也

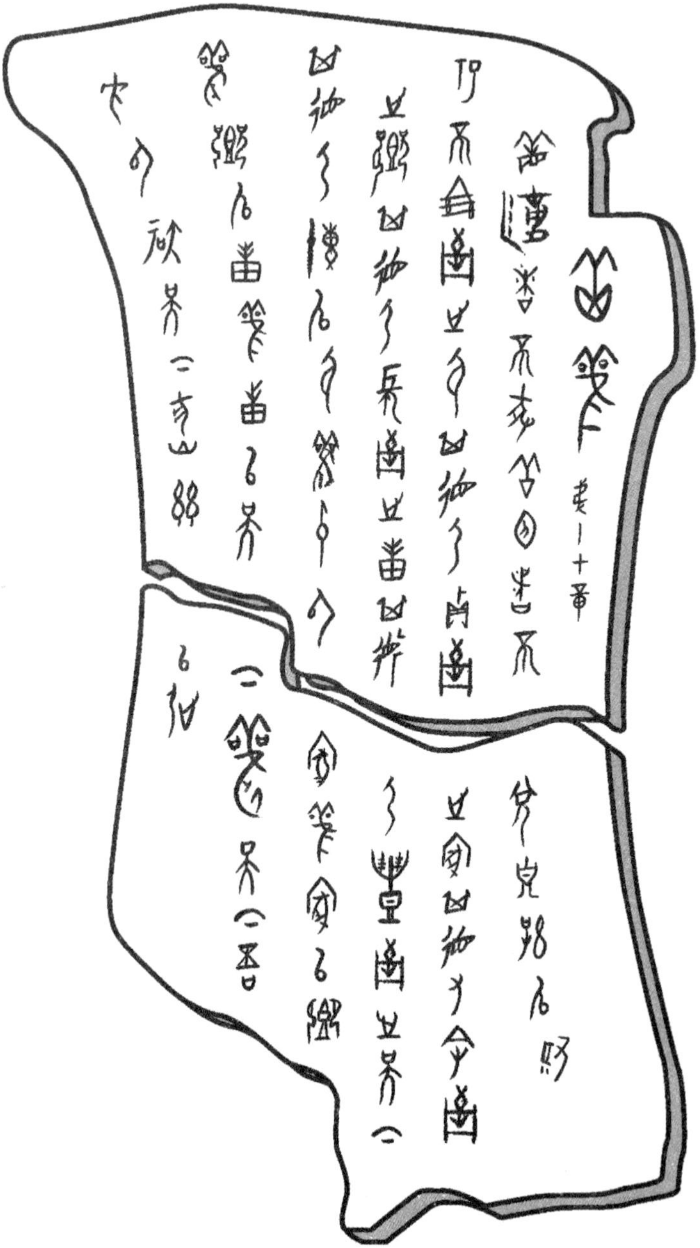

善观 十七

善建者不拔善抱者不脱子孙以祭祀不绝

修之身其德乃真修之家其德有餘修之乡其德

乃长修之邦其德乃豐修之天下其德乃博以身

观身以家观家以乡观乡以邦观邦以天下观

天下吾何以知天下然兹以此

德一八章

含德　十八

含德之厚者比於赤子蜂蠆地弗螫

攫鳥猛獸弗搏骨弱筋柔而握固未知牝

牡之會而朘怒精之至也終日號而不嗌和之

至也和曰常知和曰明益生曰祥心使氣曰

强物壯即老胃之不道不道早已

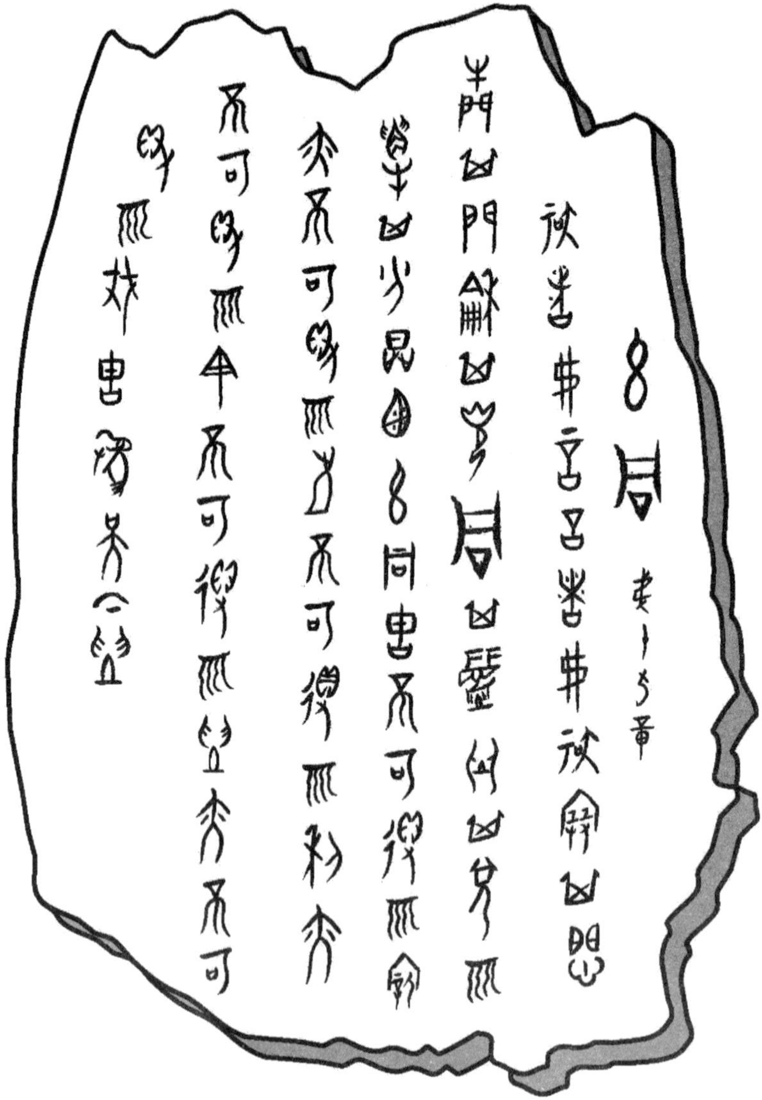

玄同　十九

知者弗言言者弗知塞其悶闭其门和
其光同其整坐其尘而解其纷是胃玄同
故不可得而亲亦不可得而疏不可得而利
亦不可得而害不可得而贵亦不可得而浅
故为天下贵

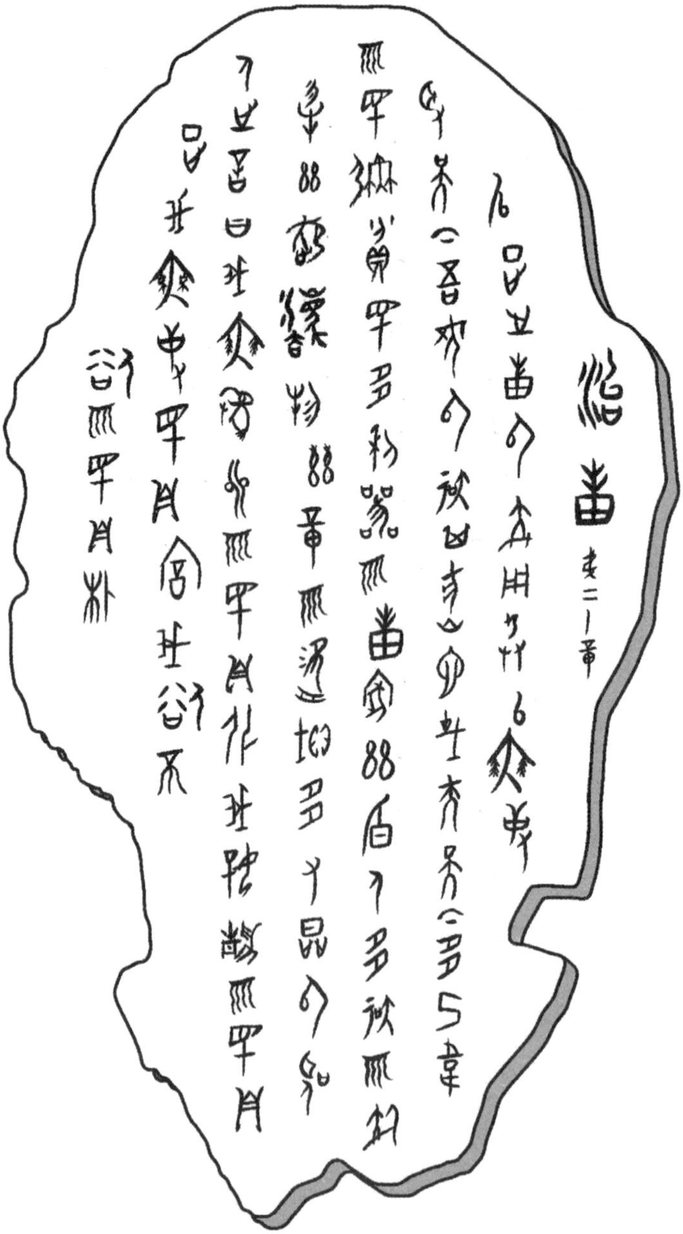

治邦 二十

以正之邦以畸用兵以無事取天下吾何以知

其然也哉夫天下多忌諱而民弥貧民多利器而

邦家兹昬人多知而奇物兹起法物兹彰而盗賊

多有是以聖人之言曰我無為也而民自化我好靜而

民自正我無事民自富我欲不欲而民自朴

为正 二十一

其正閟閟其民屯屯其正察察其邦

夬夬齺福之所倚福齺之所伏孰知其極其

無正也正復為奇善復為妖人之迷也其日

固久矣是以方而不割兼而不刺直而不絲

光而不耀

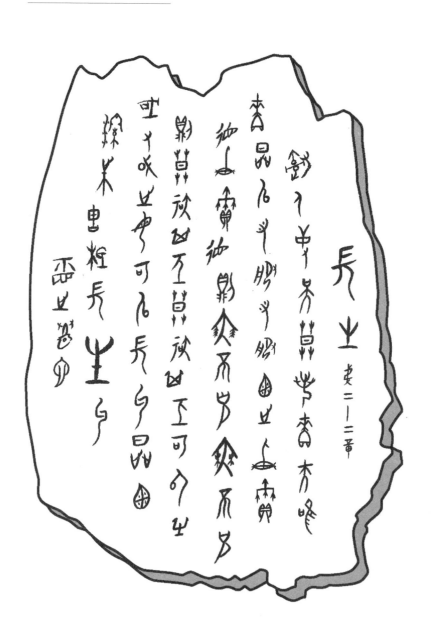

長生 二十二

治人事天莫若嗇夫唯嗇是以蚤服

蚤服胃之重積德重積德則無不克無

不克則莫知其極莫知其極可以有國

有國之母可以長久是胃深根固柢

長生久視之道也

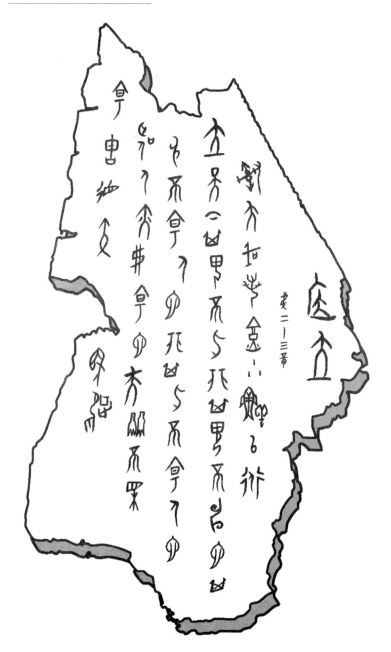

居位 二十三

治大國若烹小鮮以道莅天下其
鬼不神非其鬼不神也其神不傷人也非
其申不傷人也聖人亦弗傷也夫兩不相
傷故德交歸焉

老二一三章

處下　二十四

大邦者下流也天下之牝也天下之郊也牝恆以

靚勝牡為其靚也故宜為下大邦以下小邦則取

小邦小邦以下大邦則取於大邦故或下以取

或下而取故大邦者不過欲無畜人小邦者不過

欲入事人夫皆得其欲則大者宜為下

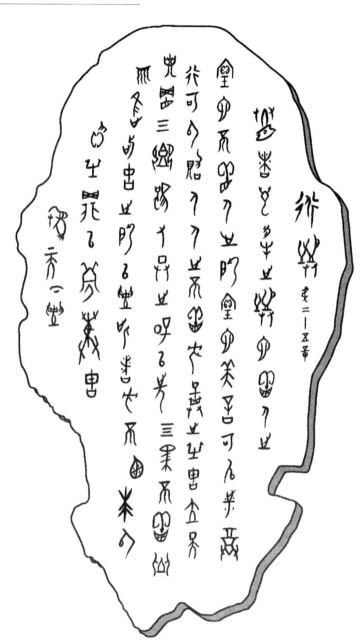

道注 二十五

道者萬物之注也善人之璪也不善人
之所璪也美言可以市尊行可以賀人人之不
善何棄之有故立天子置三卿雖有共之璧
以先四馬不善坐而進此古之所以貴此者何不
胃求以得有罪以免與故為天下貴

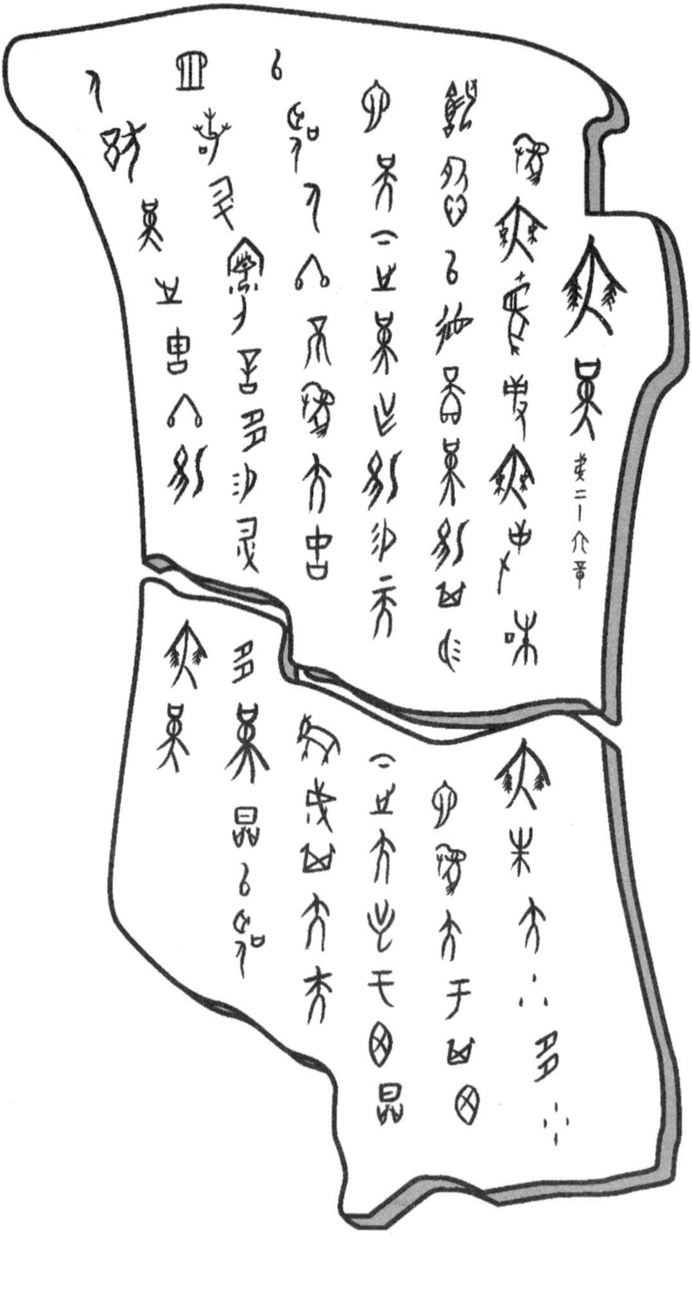

無難　二十六

為無為事無事味無未大小多少報怨以

德圖難於其易也為大於其細也天下之難作

於易天下之大作於細是以聖人終不為大故

能成其大夫輕諾必寡信多易必多難是

以聖人猶難之故終於無難

老二十章

辅物 二十七

其安也易持也其未兆也易谋也其脆也易破也其微
也易散也为之于其未有也治之于其未乱也合抱之木生
于毫末九成之臺作于羸土百仁之高始于足下为之者败
之执之者失之是以圣人无为也故无败也无执也故无失也民
之从事也恒于其成事而败之故慎终若始则无败事矣
是以圣人欲不欲而不贵难得之膮学不学而復
众人之所過能辅萬物之自然而弗敢为

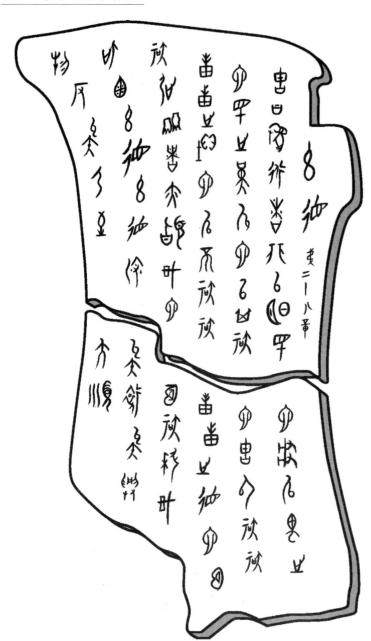

玄德 二十八

故曰為道者非以明民也將以愚之也民之難治也以其知也故以知知邦邦之賊也以不知知邦邦之德也恆知此兩者亦稽式也恆知稽式此胃玄德玄德深矣遠矣與物反矣乃至大順

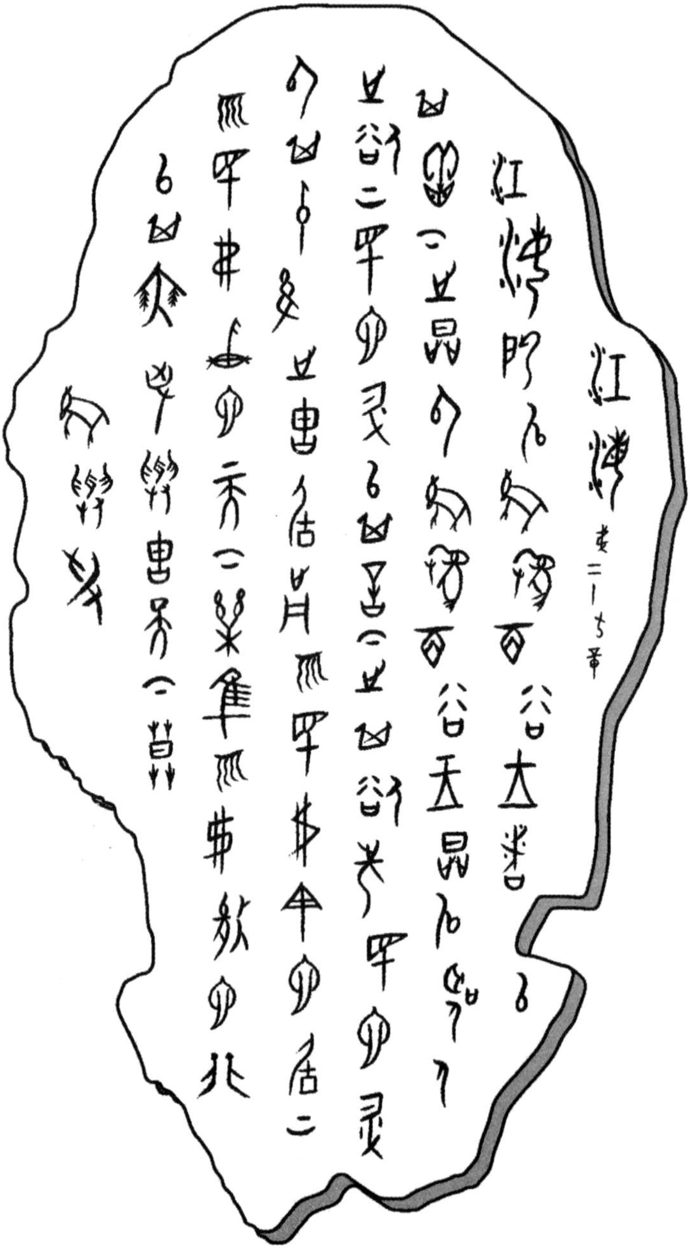

江海 二十九

江海所以能為百浴王者以其善下之是
以能為百浴王是以聖人之欲上民也必以其言
下之其欲先民也必以其身後之故居前而民弗
害也居上而民弗重也天下樂隼而弗猒也
非以其無諍與故天下莫能與諍

德三一章

安居 三十

小邦寡民使十百人之器毋用使民重死
而远徙有车周无所乘之有甲兵无所陈
之使民复结绳而用之甘其食美其服乐
其俗安其居邻邦相望鸡狗之声相闻
民至老死不相往来

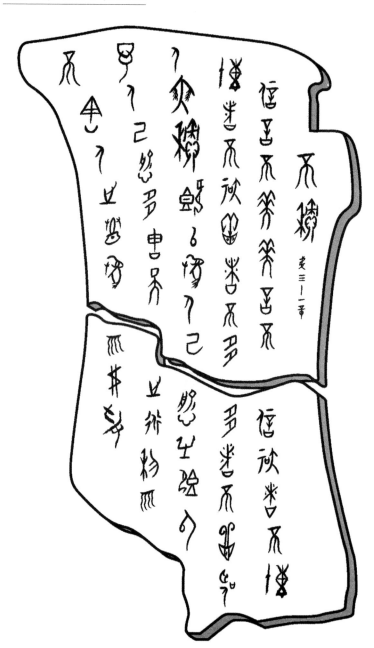

不積 三十一

信言不美美言不信知者不博博者不知善者不多多者不善聖人無積既以為人己愈有既以予人己愈多故天之道利而不害人之道為而弗爭

三保

老三十二章

三葆 三十二

天下皆胃我大不宵夫唯大故不宵若宵

細久矣我恆有三葆之一曰兹二曰檢三曰不敢為

天下先夫兹故能勇檢故能廣不敢為天下先

故能為成事長今捨其兹且勇捨其檢且廣

捨其後且先則必死矣夫兹以戰則勝以守則

固天將建之如以兹垣之

不争　三十三

善为士者不武善战者不怒善
胜敌者弗与善用人者为之下是胃不争
之德是胃用人是胃天古之极也

麦三一三章

用兵 三十四

用兵有言曰吾不敢為主而為客吾不
進寸而芮尺是胃行無行攘無臂執無
兵乃無敵矣禍莫大於無適無適近亡吾
寶矣故稱兵相若則哀者勝矣

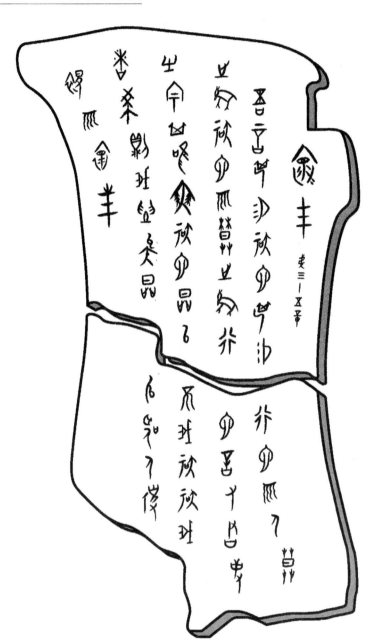

怀玉 三十五

吾言甚易知也甚易行也而人莫之
能知也而莫之能行也言有君事有宗
其唯無知也是以不我知知我者希则我
贵矣是以聖人被褐而懷玉

知病　三十六

知不知尚矣不知不知病矣是以聖

人之不病以其病病也是以不病

畏畏　三十七

民之不畏畏則大畏將至矣毋閘其
所居毋猒其所生夫唯弗猒是以不猒
是以聖人自知而不自見也自愛而不
自貴也故去彼取此

天網 三十八

勇於敢者則殺勇於不敢者則栝此兩
者或利或害天之所惡孰知其故天之道
不彈而善勝不言而善應不召而自来彈
而善謀天網恢恢疏而不失

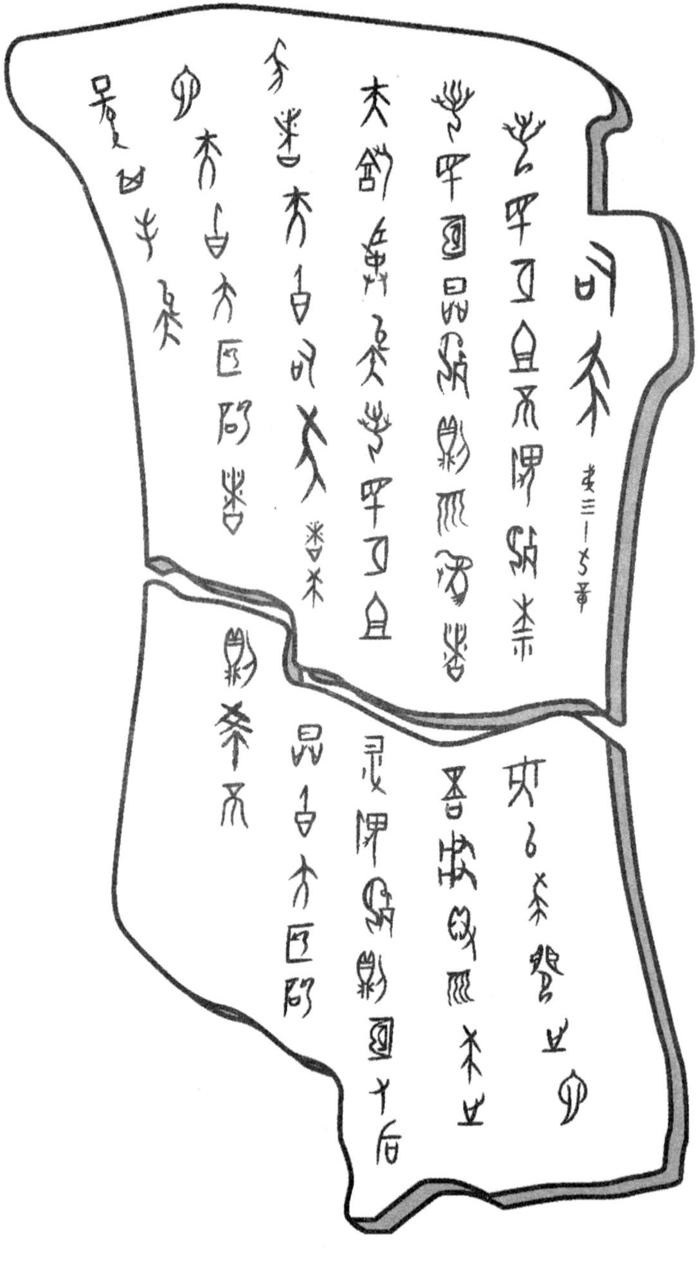

司殺 三十九

若民恆且不畏死奈何以殺懼之也

若民恆是死則而為者吾將得而殺之夫孰

敢矣若民恆且必畏死則恆有司殺者夫

代司殺者殺是代大匠斲也夫代大匠

斲者則希不傷其手矣

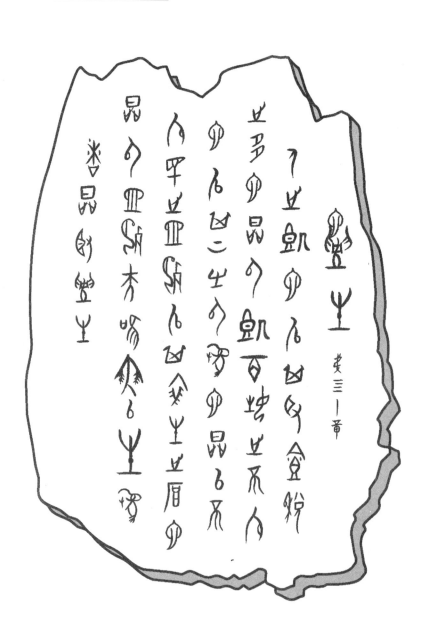

贵生　四十

人之饑也以其取食兑之多也是以饑

百姓之不治也以其上有以为也是以不治

民之轻死以其求生之厚也是以轻死夫

唯无以生为者是贤贵生

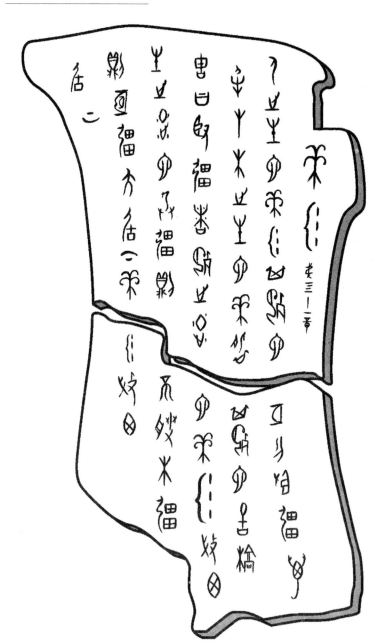

柔弱　四十一

人之生也柔弱其死也㿌仞賢强萬物

草木之生也柔脆其死也枮槀故曰堅强者

死之徒也柔弱微細生之徒也兵强則不勝

木强則恆强大居下柔弱微細居上

老三一二章

天道　四十二

天下之道猶張弓者也高者印之下者舉之有餘者敝之不足者補之故天之道敝有餘而益不足人之道敝不足而奉有餘孰能有餘而有以取奉於天者此有道者乎是以聖人為而弗有成功而弗居也若此其不欲見賢也

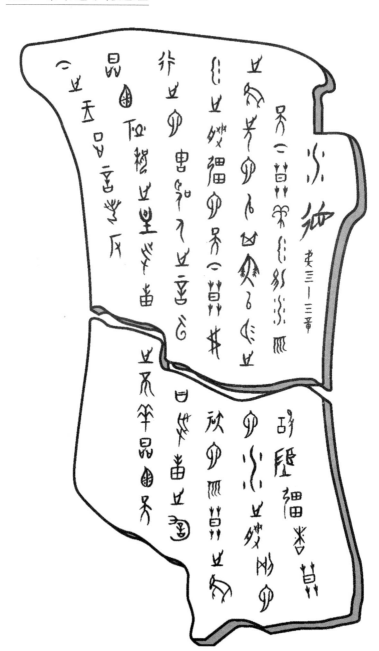

水德 四十三

天下莫柔弱於水而攻堅强者莫之

能先也以其無以易之也水之勝剛也弱之

勝强也天下莫弗知也而莫之能行之也故聖

人之言云曰受邦之詢是胃社稷之主受邦之

不祥是胃天下之王正言若反

右介 四十四

和大怨必有餘怨焉可以為善是

以聖右介而不以責於人故有德司介

無德司徹　夫天道無親恆與善人

道 经

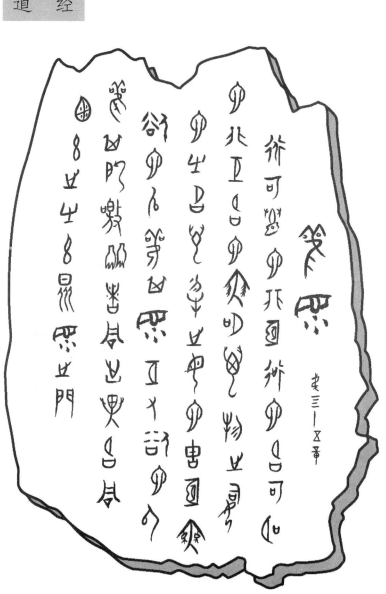

觀眇　四十五

道可道也非恆道也名可名也非
恆名也無名萬物之始也有名萬物之母
也故恆無欲也以觀其眇恆有欲也以觀
其所噭兩者同出異名同胃玄之有玄
眾妙之門

史三一个章

觀嗷 四十六

天下皆知美為美惡己皆知善訾不善
矣有無之相生也難易之相成也長短之相形
也高下之相盈也意聲之相和也先後之相随
恆也是以聖人居無為之事行不言之教萬
物作而弗始也為而弗志也成功而弗居也夫
惟弗居是以弗去

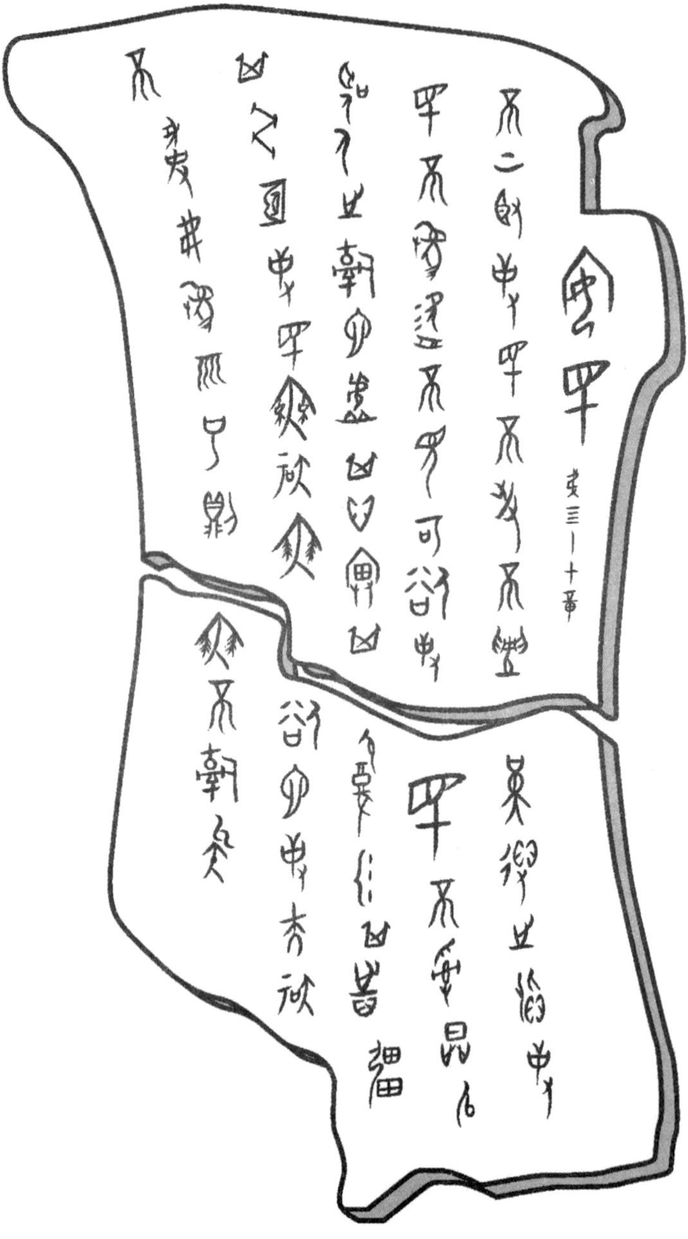

安民　四十七

不上賢使民不爭不貴難得之貨使民不為盜不見可欲使民不亂是以聖人之治也虛其心實其腹弱其志強其骨恆使民無知無欲也使夫知不敢弗為而已則無不治矣

衍用

德三十八章

道用 四十八

道沖而用之有弗盈也潚呵始萬物之宗銼其兑解其紛和其光同其塵湛呵似或存吾不知其誰之子也象帝之先

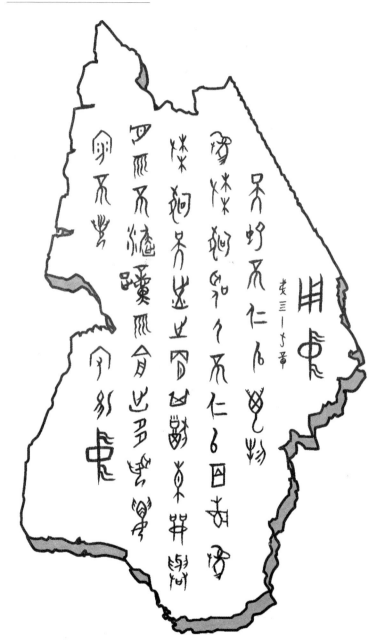

用中　四十九

天地不仁以萬物為芻狗聖人不仁以百省為芻狗天地之間其猶橐籥與虛而不屈踵而俞出多聞數窮不如守於中

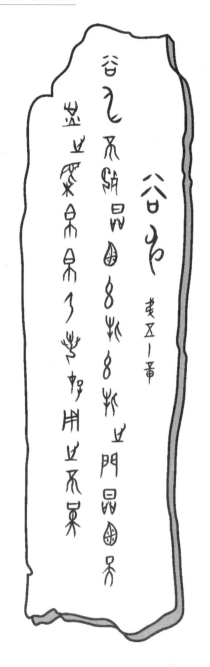

浴神 五十

浴神不死是胃玄牝玄牝之門是胃天地之根緜緜呵若存用之不堇

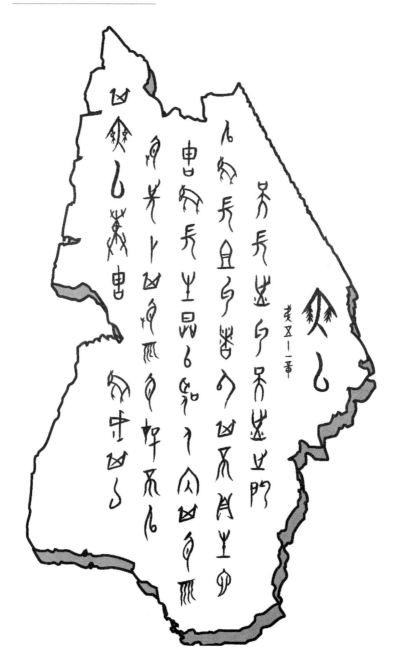

無私 五十一

天長地久天地之所以能長且久者以
其不自生也故能長生是以聖人芮其身
而身先外其身而身存不以其無私興
故能成其私

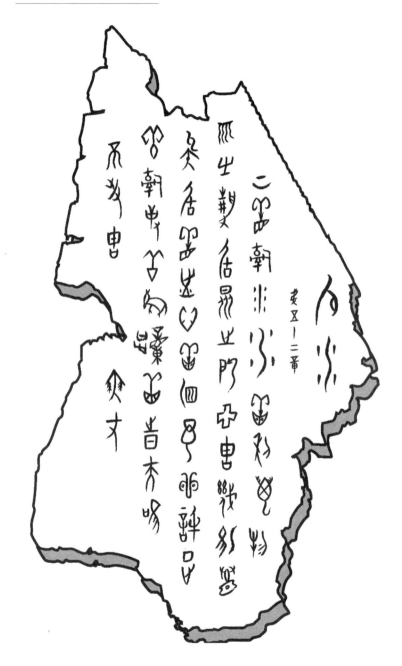

治水 五十二

上善治水水善利萬物而有靜居

眾之所惡故幾於道矣居善地心善瀟

予善信正善治事善能蹱善時夫唯

不爭故無尤

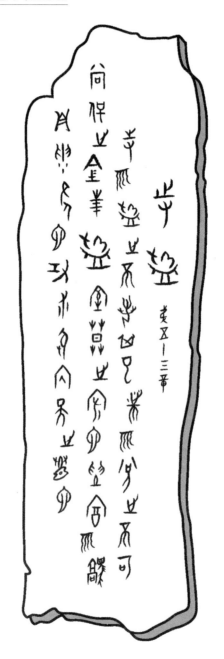

持盈 五十三

植而盈之不若其已揣而兑之不可

常葆之金玉盈室莫之守也贵富而骄

自遗咎也功述身芮天之道也

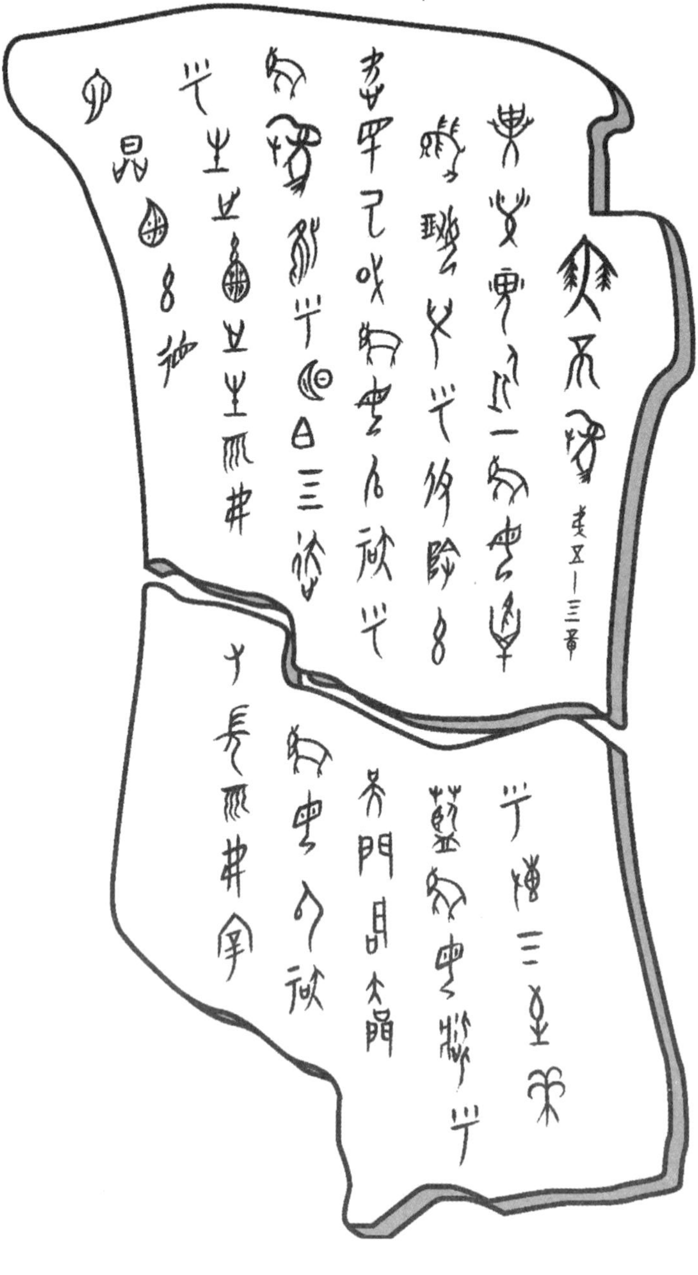

無不為 五十四

載營袙抱一能毋離乎摶氣至柔
能嬰兒乎脩除玄藍能毋疵乎愛民栝國
能毋以知乎天門啓闔能為雌乎明白四
達能毋以知乎生之畜之生而弗有長而
弗宰也是胃玄德

玄中
五十五

卅辐同一毂当其无有车之用也

埏埴为器当其无有埴器之用也凿户

牖当其无有室之用也故有之以为利

无之以为用

為腹　五十六

五色使人目明馳騁田臘使人心發狂

難得之貨使人之行方五味使人之口哨五音

使人之耳聾是以聖人之治也為腹

不為目故去罷耳此

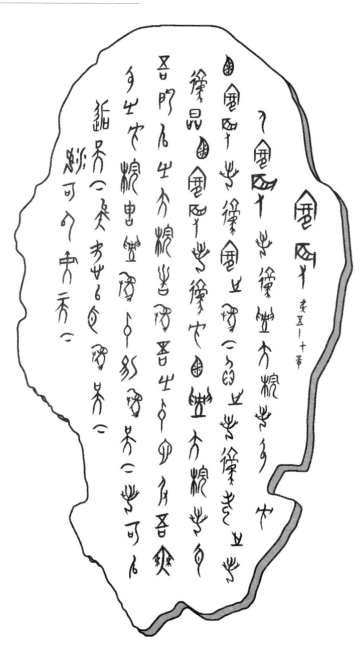

宠辱 五十七

人宠辱若惊贵大梡若身何胃宠辱
若惊宠之为下得之若惊共之若惊是胃
宠辱若惊何胃贵大梡若身吾所以有大
梡者为吾有身也及吾无身有何梡故贵为
身於为天下若可以迱天下矣爱以身为天下
汝可以寄天下

德五—八章

道纪 五十八

视之而弗见名之曰彾听之而弗闻名曰希揸
之而弗得名之曰夷三者不可至计故囷而为一
一者其上不攸其下不忽寻〜呵不可名也復归
於无物是胃无状之状无物之象是胃忽望随
而不见其後迎而不见其首執今之道以御今之
有以知古始是胃道纪

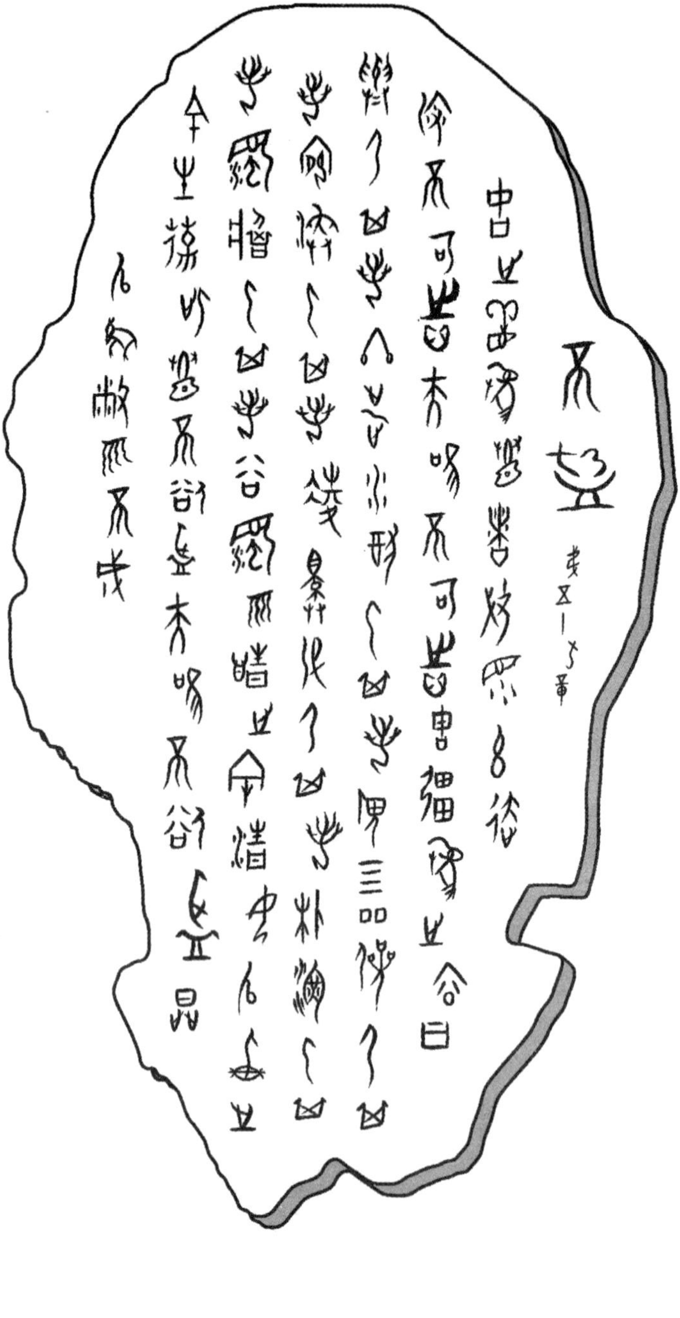

不盈 五十九

古之善為道者微眇玄達深不可志夫唯
不可志故强為之容曰與呵其若冬涉水猶呵
其若畏四鄰儼呵其若客渙呵其若凌澤
沌呵其若樸湷呵其若濁澟呵其若浴濁而
情之余清女以重之余生葆此道不欲
盈夫唯不欲盈是以能敝而不成

歸根 六十

至虚極也守情表也萬物旁作吾以觀

其復也天物雲雲各復歸於其根曰靜

靜是胃復命復命常也知常明也不知

常市乀作兇知常容容乃公公乃王王乃天

天乃道道乃久沕身不怂

知有

六十一

大上下知有之其次親譽之其次畏

之其下母之信不足案有不信猶呵其貴

言也成功遂事而百省胃我自然

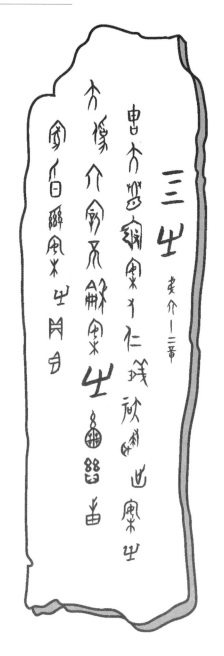

四有

六十二

故大道廢案有仁義知快出案

有大僞六親不和案有畜慈邦家閦

亂案有貞臣

樸素 六十三

絶聖棄智民利百負絶仁棄義民
復畜慈絶巧棄利盜賊無有此三言也以
為文未足故令之有所屬見素抱樸少私
而寡欲絶學無憂

道经一三章

食母 六十四

唯與訶其相去幾何美與惡其相去何若人之所

畏亦不可以不畏望呵其未央哉眾人巸巸若鄉於大牢

而春登臺我泊焉未兆若嬰兒未咳累呵似無所歸

眾人皆有餘我獨遺我思人之心也蠢蠢呵鬻人昭昭我

獨若閒呵鬻人蔡蔡我獨閔閔呵忽呵其若海望呵

其若無所止眾人皆有以我獨頑以悝吾欲獨異

於人而貴食母

从道 六十五

孔德之容唯道是从道之物唯望唯

忽忽呵望呵中有象呵望呵忽呵中有物

呵浮呵鸣呵中有请呚其请甚真其中有

信自今及古其名不去以顺众仪吾何以

知众仪之然以此

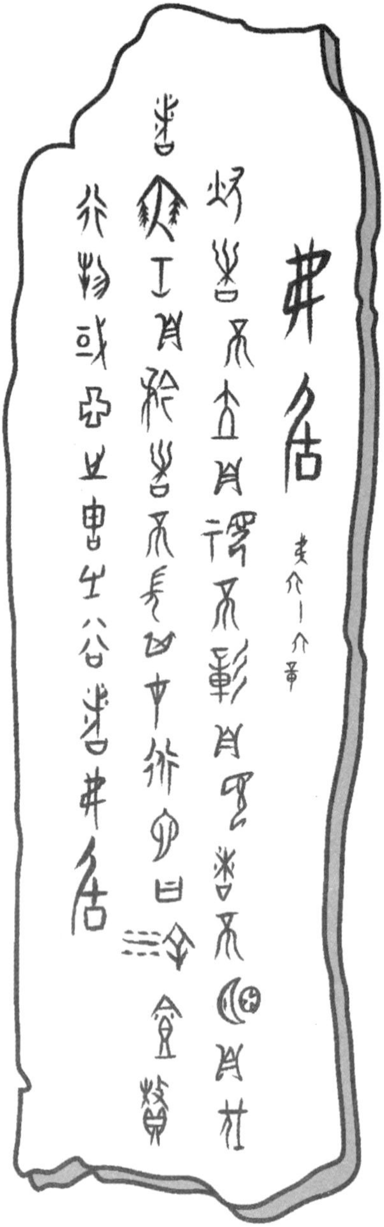

弗居 六十六

炊者不立自视不彰自见者不明自
代者无功自矜者不长其在道也曰粽食
赘行物或恶之故有欲者弗居

執一　六十七

曲則全枉則定洼則盈敝則新少則

得多則惑是以聖人執一以為天下牧不自

視故明不自見故彰不自伐故有功弗矜

故能長夫唯不爭故莫能與之爭古之

兩胃曲則全者幾語才誠全歸之

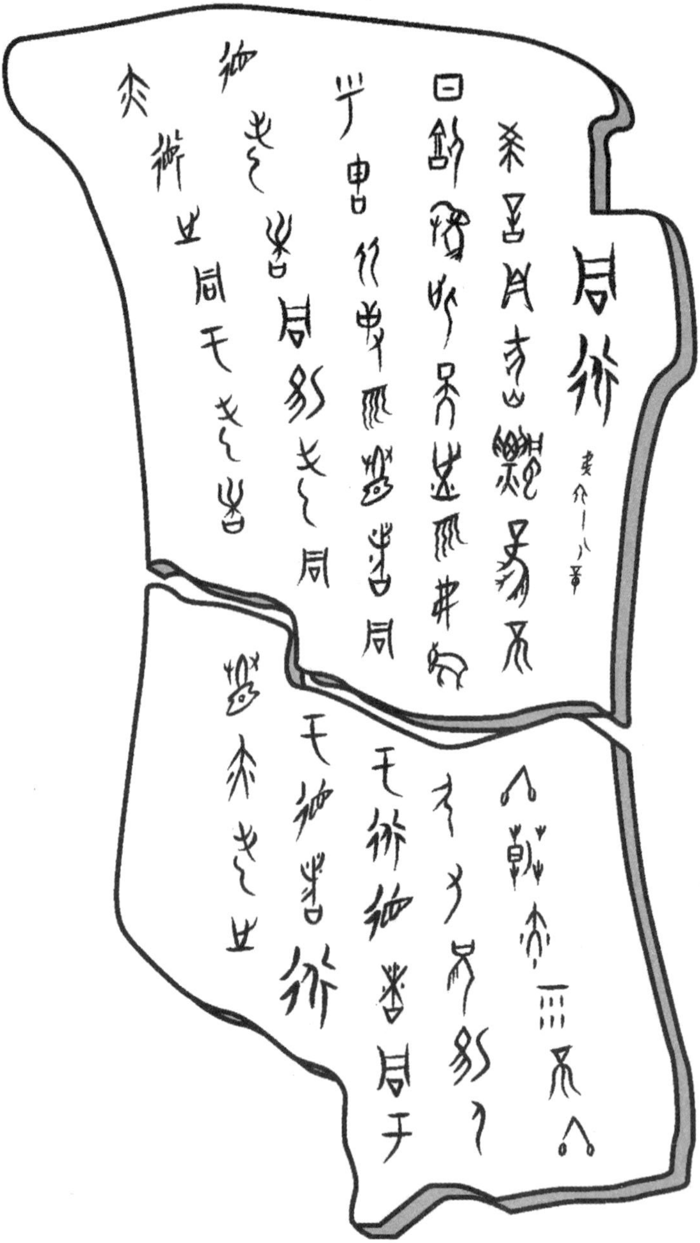

同道 六十八

希言自然飄風不終朝暴雨不終日

孰為此天地而弗能久又況於人乎故從

事而道者同於道德者同於德失者同

於失同於德者道亦德之同於失者

道亦失之

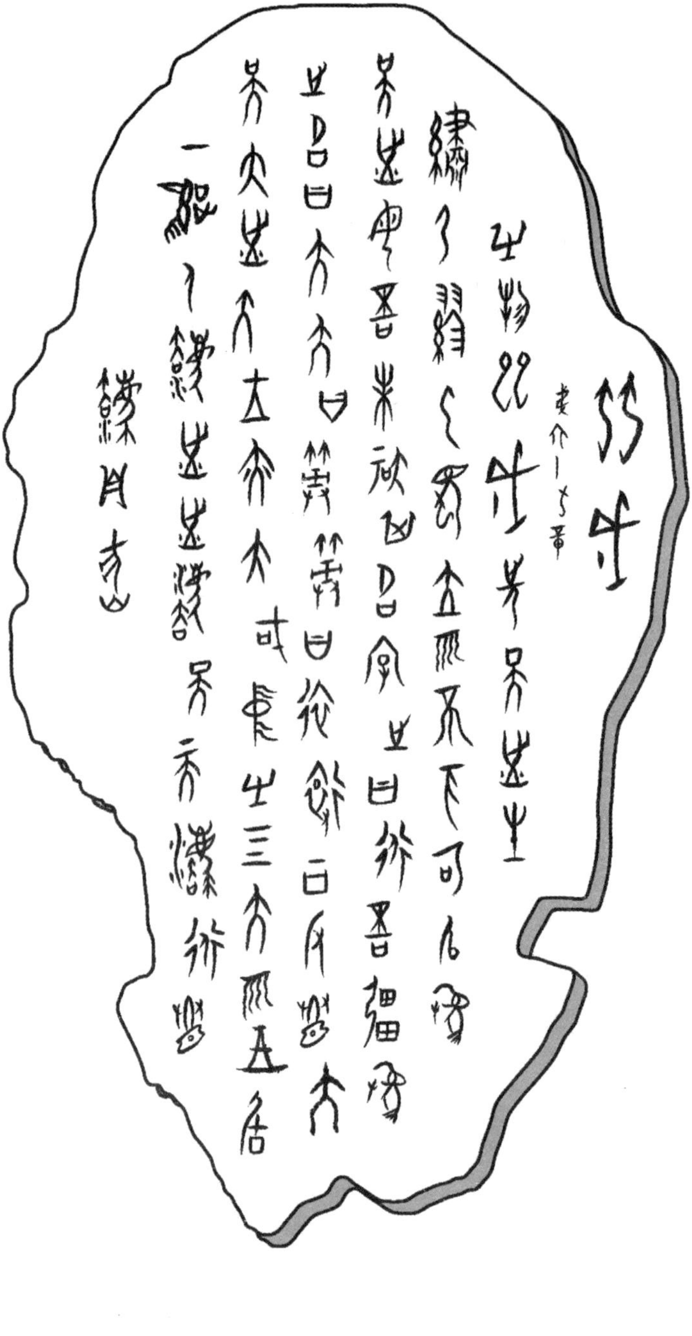

昆成 六十九

有物昆成先天地生 繡呵繆呵獨立而

不亥可以為天地母吾未知其名字之曰道吾

强為之名曰大大曰筮筮曰遠遠曰反道大天

大地大王亦大國中有四大而王居其一

焉人法地地法天天法道道法自然

甾重七十

重為巠根清為趮君是以君子眾
日行不離其甾重唯有環官燕處則昭若
若何萬乘之王而以身巠於天下巠則失
本趮則失君

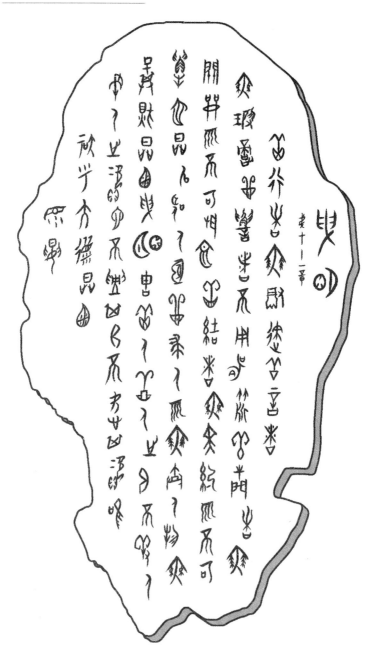

愧明 七十一

善行者無勶迹善言者無瑕適善數者不用檮箖善閉者無閞籥而不可啟也善結者無纆約而不可解也是以聖人恒善怵人而無棄人物無棄財是胃愧明故善人善人之師不善人善人之齎也不貴其師不愛其齎唯知乎大眯是胃眇要

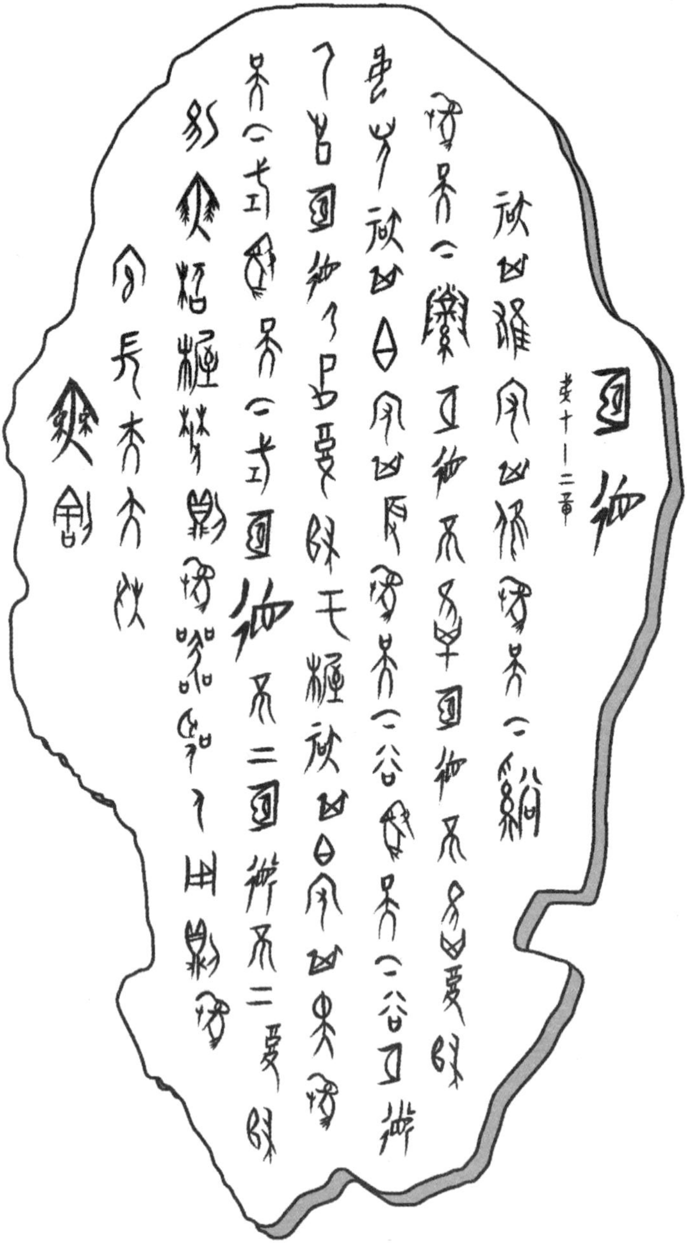

恆德 七十二

知其雄守其雌為天下谿為天下谿恆德
不離恆德不離復歸嬰兒知其白守其辱為
天下浴為天下浴恆德乃足恆德乃足復歸於
樸知其白守其黑為天下式為天下式恆德不
貳恆德不貳復歸於無極樸散則為器聖
人用則為官長夫大制無割

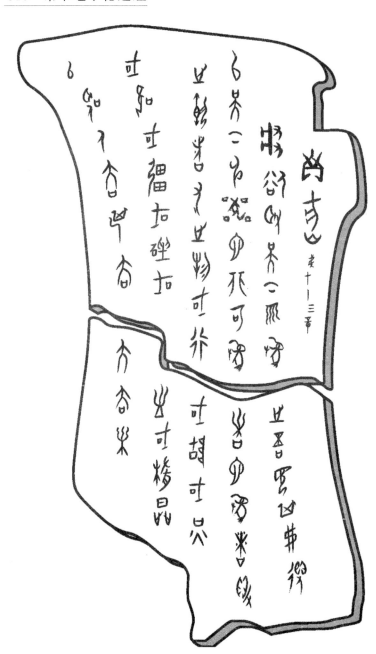

自然　七十三

将欲取天下而为之吾见其弗得已
天下神器也非可为者也为者败之执者失
之物或行或随或炅或吹或强或脞或
坯或橢是以聖人去甚去大去楮

德十三章

不强 七十四

以道佐人主不以兵强於天下其事
好還師之所居楚棘生之善者果而已矣
毋以取强焉果而毋驕果而勿矜果而勿
伐果而毋得已居是胃果而不强物壯而
老是謂之不道不道蚤已

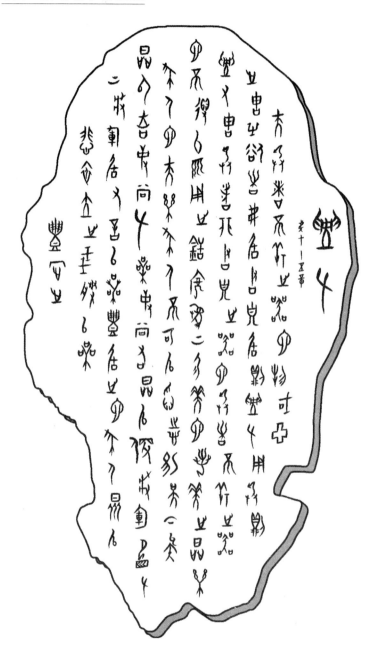

贵左 七十五

夫兵者不祥之器也物或惡之故有欲者弗居

君子居則貴左用兵則貴右故兵者非君子之器也兵

者不祥之器也不得巳而用之銛龐為上勿美也若美

之是樂殺人也夫樂殺人不可以得志於天下矣是以

吉事尚左喪事尚右是以便將軍居左上將軍居

右言以喪禮居之也殺人眾以悲依立之戰勝以喪

禮處之

德十一　介章

知止 七十六

道恆無名樸唯小而天下弗敢臣侯

王若能守之萬物將自賓天地相合以俞甘

洛民莫之令而自均焉始制有名名亦既有

夫亦將知止知止可以不殆俾道之在

天下也猶小浴之與江海也

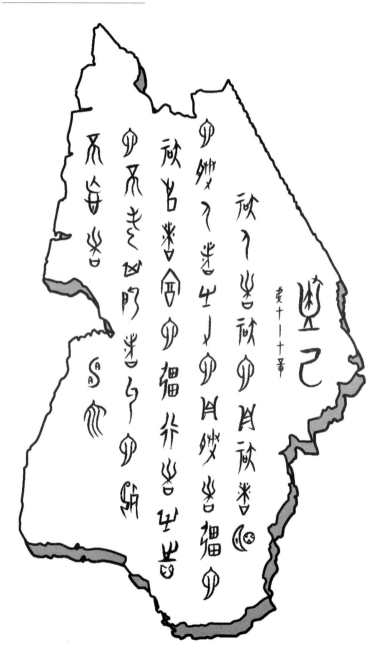

盡己　七十七

知人者智也自知者明也勝人者有
力也自勝者強也知足者富也強行者有
志也不失其所者久也死不忘者壽也

老十一八章

成大 七十八

道渢呵其可左右也成功遂事
而弗名有也萬物歸焉而弗為主則恆
無欲也可名於小萬物歸焉而弗為
主可名於大是以聖人之能成大也
以其不為大也故能成其大

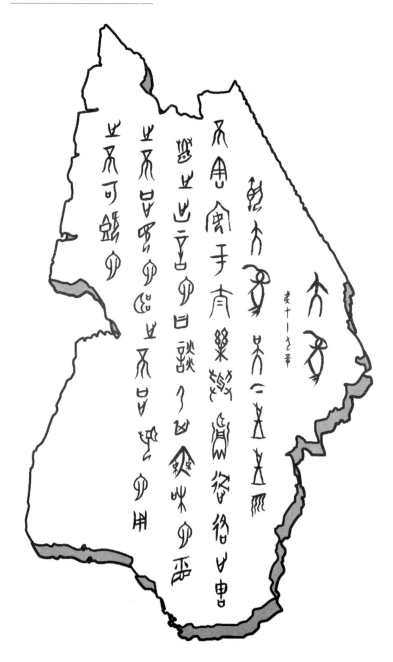

大象 七十九

执大象天下往往而不害安平

太乐与饵过格止故道之出言也曰谈

呵其无味也视之不足见也听之不

足闻也用之不可既也

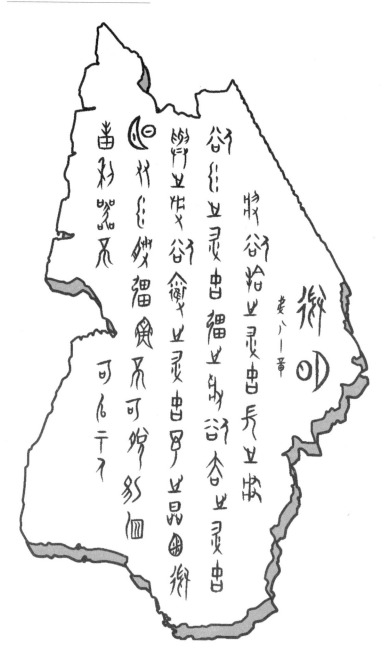

微明八十

將欲拾之必古張之將欲弱之必
古強之將欲去之必古與之將欲奪之
必古予之是胃微明友弱勝強魚
不可脫於淵邦利器不可以示人

無名 八十一

道恆無名侯王若守之萬物將自㥵㥵而欲作吾將閴之以無名之榎閴之以無名之榎夫將不辱不辱以情天地將自正